GNOSIS, RELIGIÃO INTERIOR

GNOSIS, RELIGIÃO INTERIOR

Série Cristal 5

Pentagrama
publicações

2014

Título original holandês
Rosenkuisers toen en nu

Tradução da edição francesa
La Rose-Croix, hier et aujourd'hui

2014
2.ª edição, segundo o Acordo Ortográfico de 1990
IMPRESSO NO BRASIL

LECTORIUM ROSICRUCIANUM
ESCOLA INTERNACIONAL DA ROSACRUZ ÁUREA

Sede Internacional
Bakenessergracht 11-15, Haarlem, Holanda
www.rozenkruis.nl

Sede no Brasil
Rua Sebastião Carneiro, 215, São Paulo, SP
www.rosacruzaurea.org.br

Sede em Portugal
Travessa das Pedras Negras, 1, 1.º, Lisboa, Portugal
www.rosacruzlectorium.org

Dados Internacionais de Catalogação na Publicação (CIP)
(Câmara Brasileira do Livro, SP, Brasil)

Gnosis, religião interior / [tradução: Equipe de Tradutores do Lectorium Rosicrucianum]. – 2. ed. - Jarinu, SP : Pentagrama Publicações, 2014. – (Série Cristal ; 5)

Título original: *Gnosis als innerlijke religie.*
Vários autores.
ISBN: 978-85-67992-02-0

1. Gnosticismo 2. Rosacrucianismo I. Série.

14-04103 CDD-299.932

Índices para catálogo sistemático:

Gnosticismo : Religião 299.932

Caixa Postal 39 — 13.240-000 — Jarinu — SP — Brasil
Tel. (11) 4016.1817 — FAX (11) 4016.3405
www.pentagrama.org.br
livros@pentagrama.org.br

Sumário

O QUE É A VERDADE?

Vede este cristal: assim como uma só luz se revela por doze faces, sim, em quatro vezes doze, e cada face, por sua vez, reflete um raio da luz, uns percebem uma face, outros veem outra, porém o cristal é um só e também uma só a luz que ele irradia em todas.

(Extraído de *O evangelho dos doze santos*)

Introdução

Este livro é uma compilação de artigos escritos no decorrer dos anos por alunos da Escola Espiritual da Rosacruz Áurea em sua revista bimestral *Pentagrama*. Cada artigo reflete uma experiência pessoal gnóstica, compreendida como uma realidade espiritual vivente. Por esse motivo o conjunto não constitui uma descrição sistemática sobre a Gnosis, mas uma apresentação de algumas de suas múltiplas facetas: a Gnosis, ontem e hoje; a Gnosis como realidade espiritual vivente; a Gnosis como caminho espiritual, tal como é seguido na Escola da Rosacruz Áurea. Essa avaliação privilegia uma busca autêntica mais do que um exame sistemático. De fato, a Gnosis é uma realidade vivente sempre ativa, que apenas é compreendida quando experimentada e vivenciada. Assim sendo, ela jamais pode ser assimilada de forma abstrata, intelectual e discursiva.

Os editores

I

O QUE É "GNOSIS"?

Ser consciente da realidade vivente
da Gnosis apenas é possível
por meio da centelha-do-espírito
oculta no coração.

Gnosis, "conhecimento" em grego, é uma realidade sempre vivente e atual; não se trata nem de um saber comum, nem de certa concepção do mundo, nem de um sistema religioso do passado. Poderíamos considerá-la como uma filosofia e procurar compreender suas ideias e símbolos, mas nesse caso ela permaneceria incompreensível. Porque a Gnosis é, antes de tudo, uma força que deve ser experimentada, aceita e vivenciada.

Gnosis é Espírito, força de radiação do Espírito, uma força que convida o homem a realizar seu verdadeiro destino: sua reconciliação com o mundo divino e seu retorno para sua verdadeira pátria.

Pode o ser humano compreender esse chamado e a ele responder? Sim, pois ele possui em si uma centelha de luz divina, receptiva ao chamado da

Gnosis, à luz do Espírito, por ser da mesma natureza. Todavia, ele não está consciente disso. A centelha divina nele é como prisioneira da matéria, oculta, desconhecida, apagada, despojada de vida. Mas se esse homem sentir que não pertence a este mundo, se estiver consciente de estar vagueando nesta terra, passando sem cessar do bem ao mal, da noite ao dia, da vida para a morte, se sentir que é incapaz de ultrapassar seus limites e que o sofrimento dos homens nesta terra o escandalizam, pode acontecer que um dia um raio da Gnosis consiga reacender a centelha de luz oculta em seu ser. Então ele despertará de repente e verá tudo com outros olhos.

Ele terá a confirmação de que a terra não é sua pátria verdadeira, mas que ele pertence ao mundo espiritual do qual agora percebe o chamado. E sentirá de maneira clara que coabitam nele duas tendências, dois seres: o ser exterior comum, o habitante da terra, e um ser interior espiritual que aspira ao absoluto. Ele vivenciará uma verdade tão velha quanto o mundo: a existência de duas ordens de natureza separadas. Por um lado, um mundo onde se alternam sem cessar o nascimento e a morte; por outro lado, o mundo eterno e imutável do Absoluto.

Em nossa época, na era de Aquário, a radiação da Gnosis se faz sentir com grande intensidade, e a humanidade a sente como um convite para romper todos os seus laços com as estruturas ultrapassadas da sociedade e da religião e para encontrar novas possibilidades, em particular nas ciências e nas artes. Ela projeta suas aspirações para o exterior e espera sempre estabelecer sobre a terra um reino paradisíaco. Ora, muitos agem atualmente segundo uma sabedoria da qual pode-se duvidar, e o tempo está próximo em que a maioria reconhecerá, talvez, que sua sabedoria não é suficiente.

Entretanto, o verdadeiro buscador, tocado pela radiação gnóstica, se voltará para o seu interior, no silêncio do mais profundo de seu ser, de onde receberá aos poucos todo o conhecimento necessário para elevar-se acima do espaço e do tempo, da vida e da morte, a fim de seguir o verdadeiro plano de libertação do mundo e da humanidade, o plano de toda eternidade previsto por Deus, e alcançar a verdadeira finalidade de sua vida: tornar-se um homem-alma-espírito, tornar-se outra vez o homem original. Assim, ele descobrirá a própria essência da Gnosis, que é a unidade de todas as almas libertadas na luz divina.

Quem reconhece esse caminho e deseja segui-lo necessita de auxílio, pois devido à grande ilusão ele é difícil, tanto exterior como interiormente, de ser seguido contra todos os antigos princípios e forças que se opõem a esse desenvolvimento com a finalidade de manter-se a qualquer custo. Esse é o papel de todas as escolas espirituais autênticas que souberam criar uma ligação com as Fraternidades gnósticas do passado, isto é, entraram em ligação vivente com a Gnosis mediante uma resposta positiva ao seu chamado. Foi criado, então, um campo de força que oferece todas as possibilidades libertadoras aos seus alunos. Neles a Gnosis se revela; todos aspiram à mesma iluminação interior e cada um, em respeito e a serviço de outros, penetra pouco a pouco a unidade, o amor e a paz de sua verdadeira pátria, o mundo divino.

2

O caminho da Gnosis

Na Gnosis está oculta
uma força cuja origem
não é deste mundo e que
emana do amor divino.

"Eu vos anuncio o caminho santo e oculto, a Gnosis", diz o Salvador num hino antigo. Essas palavras apresentam dois aspectos essenciais.

Primeiro, a Gnosis é um caminho que é preciso percorrer graças a um processo de desenvolvimento interior ativo, que penetra e modifica o ser inteiro. Segundo, é preciso abrir, ensinar esse caminho, e nele se antecipar aos outros.

Na linguagem mais familiar dos Evangelhos, Jesus diz: "Eu sou o caminho, a verdade e a vida. Ninguém vai ao Pai, senão por mim."[1] Ele revela

[1]João 14:6.

a necessidade de segui-lo: "Quem quiser me seguir, que renuncie a si mesmo, e carregue sua cruz; pois aquele que quiser salvar a sua vida a perderá, mas aquele que a perder por minha causa a encontrará."[2]

Eu sou o caminho...

Desse caminho santo e oculto, denominado Gnosis, emana um chamado eterno e também muito atual, que se dirige a todos os que desejam ouvi-lo. É um chamado dirigido sempre de novo à humanidade, o qual apenas um pequeno número compreende e muito poucos realizam. Quando o conhecimento desse caminho pode se perder, então novos enviados da Gnosis afluem para libertar o caminho e a luz, assim como para mostrar aos homens sua elevada vocação. A Gnosis indiana exprime esse fato da seguinte forma:

"Toda vez que a ordem morre e a desordem impera, torno a nascer em tempo oportuno – assim o exige a Lei. Para proteger o bem e destruir o mal, encarno no seio da humanidade, ensinando o caminho que leva à autorrealização. Aquele que compreende a minha vocação divina e o mistério da minha encarnação não tem necessidade de nascer outra vez após a morte, aqui na terra [...] ele vem a mim...

Cada vez que o bem diminui e o mal aumenta, eu crio um corpo. A cada período volto para libertar

[2]Mateus 16:24–25.

os santos, livrar os pecados dos pecadores e restabelecer o que é justo. Quem conhece a natureza de minha missão, a santidade de meu nascimento, já não renascerá ao deixar o corpo; ele virá para mim."[3]

Ainda mais claro e mais penetrante é o texto de Hipólito:

"O fundamento primordial de todas as coisas, do Ser e da Vida, o primeiro fundamento de todas as coisas, é o Espírito. O segundo, emanado do primeiro, do Espírito, é o caos. O terceiro, formado pelos dois, é a alma. Ela se assemelha a uma criatura selvagem, perseguida sobre a terra pela morte que exerce sobre ela seu poder.

Hoje no reino da luz, amanhã ela se encontrará na miséria, no choro e nas lamentações. À alegria sucedem as lágrimas, às lágrimas, o julgamento, e ao julgamento, a morte. Errando no labirinto, ela procura em vão uma saída.

Mas Jesus disse: 'Vê, ó Pai, esse ser sem pátria. Longe de teu sopro, ele erra sobre a terra, querendo fugir do triste caos, sem saber onde começa a elevação.

Pai, envia-me ao socorro desse ser. Faze-me descer com os sinais nas mãos, para passar através dos éons, abrir todos os mistérios, revelar o ser

[3] *Bhagavad Gita,* capítulo IV.

de Deus, anunciar o mistério do santo caminho, denominado Gnosis, conhecimento'."[4]

O mundo da luz e o mundo das trevas

Essa cosmogonia sucinta demonstra como a alma, separada do Espírito, sua causa primeva, está emaranhada no mundo da matéria enganadora e procura em vão uma saída. A humanidade decaída desperta a compaixão do Filho de Deus, que pergunta se pode descer a fim de lhe desvelar os mistérios e anunciar o caminho da Gnosis. Esse é o caminho da verdadeira *religio,*[5] o restabelecimento da ligação com Deus. Ele, que para a salvação dos homens desceu na natureza da morte a fim de religá-los a seu Criador espiritual, afirma pois com razão: "Eu sou o caminho, a verdade e a vida. Ninguém vai ao Pai, senão por mim."[6]

Como representar de modo concreto esse caminho da Gnosis? O hino citado acima diz que o homem se encontra separado de Deus. É uma alma natural mortal, separada do Espírito, separada da causa primeva da Vida. Sem ligação com o Espírito divino, o homem permanece prisioneiro da roda do nascimento e da morte. Sua verdadeira natureza interior, ou alma-espírito, é

---

[4]Hipólito V, 10.

[5]Pode-se traduzir a palavra *religio* de dois modos. Ela tem por raiz tanto a palavra *relegere,* que significa perceber de modo consciente, quanto o verbo *religere,* que significa restabelecer a ligação.

[6]João 14:6.

imortal, mas está adormecida e não pode se elevar ao reino da luz. Ela permanece em estado latente, encerrada no mundo tenebroso da matéria. Ela é prisioneira e suspira pela libertação. Esse desejo interior incompreensível, essa sede inextinguível de liberdade, amor, harmonia e eternidade é o que leva os seres humanos a fazer todos os tipos de experiências insólitas. Eles se entregam então às experimentações porque lhes falta o conhecimento indispensável da causa e da finalidade da vida, a Gnosis.

Entretanto, a Gnosis é mais do que isso, pois ela possui uma força que não provém da natureza dialética, mas do amor de Deus. Essa luz brilha nas trevas e se comunica aos que lhe são receptíveis. Essa força-luz permite seguir o caminho da Gnosis, elevar-se acima de si mesmo e tornar-se uma nova criatura. De fato, essa força não terrestre tem a capacidade de reavivar o princípio latente da alma-espírito para que ele desperte e se desenvolva. A Gnosis realiza o prodígio do *Mysterium Magnum* através de um processo de transmutação e de transfiguração, "o mortal reveste a imortalidade, e a morte é tragada," tal como o expressa Paulo.[7] É assim que o Homem espiritual imortal ressuscita graças a essa força. Ele sai do túmulo da matéria e retorna à sua pátria divina. Nada mais pode ligá-lo ao mundo perecível dos fenômenos. Ele rompe os selos, desvenda

[7] 1 Coríntios 15:54.

os mistérios e atravessa sem perigo as esferas dos éons do microcosmo e do macrocosmo.

Mas no decorrer desse poderoso processo foi necessário que ele tomasse conhecimento de seu valor e descesse ao mais profundo de si mesmo para reconhecer-se apenas um homem da natureza e não um homem de Deus; que trazia quando muito a imagem do Homem-Espírito, mas que poderia ressuscitá-lo caso preenchesse todas as condições.

"Quem quiser fazer parte da *religio*, deve saber que os dois princípios, da luz e das trevas, são absolutamente separados e pertencem a naturezas diferentes. Se ele não souber fazer distinção, como poderá pôr em prática o ensinamento?"[8]

Essa compreensão representa a primeira porta para todos os que desejam de fato fazer parte da Gnosis. A centelha-do-espírito – ainda mais ou menos latente – é então tocada de forma poderosa pela luz, e o desejo de salvação surge. É o início da fase do homem-João, quando são aplainados os caminhos do Senhor interior: "Não eu, mas o Outro em mim". Assim é a segunda porta.

Declinar em Jesus por um processo de diminuição do eu

Quem aspira pela Gnosis deve aceitar esse processo e colaborar de maneira inteligente com ele.

---

[8] A Gnosis dos maniqueus, fragmento Pelliot.

Sua tarefa é descobrir todas as ligações mais ou menos sutis que retêm todo o seu sistema prisioneiro da morte. Assim, ele sente de forma intensa que é uma criatura da natureza da morte. Sua nova compreensão e o despertar de seu desejo por salvação o tornam cada vez mais consciente de que seus pensamentos, sentimentos e ações devem ter outro fundamento. As fortes motivações que o fazem viver obedecem à lei da autoconservação, lei essencial da natureza da morte, onde todas as criaturas vivem em interdependência. Ora, a obediência a essa lei torna impossível seguir o caminho da Gnosis, pois a Gnosis é diametralmente oposta ao amor próprio. De fato, a lei fundamental da natureza divina ordena:

"Ama a Deus acima de tudo, e ao teu próximo como a ti mesmo."

O candidato no caminho de libertação da alma prisioneira adquire sempre maior compreensão sobre a verdade. Ao mesmo tempo se torna também sempre mais consciente de sua impotência estrutural. É por isso que deve renegar seu próprio ser, ou seja, aniquilar as influências de seu eu, estabelecendo assim uma nova base para o não eu. Nesse momento se abre a terceira porta, a qual é preciso agora atravessar: a fase da total autoentrega ao homem-Jesus, despertado interiormente. Isso é o que significa "morrer em Jesus". Não se trata de uma vaga experiência mística, mas de um comportamento medido, com fundamento sólido e bem estruturado, onde é descartado tudo o que poderia entravar o acesso ao caminho da renovação.

Essa abertura interior crescente permite à Gnosis trabalhar de maneira cada vez mais poderosa. Os centros latentes são tocados e impulsionados para uma nova atividade. Ao mesmo tempo o antigo sistema se desfaz de modo progressivo das influências da antiga natureza. O sangue e o fluido nervoso carregam-se de uma força superior que permite prosseguir no processo de transmutação.

"Quem quiser me seguir, que renuncie a si mesmo, e carregue sua cruz; pois aquele que quiser salvar a sua vida a perderá, mas aquele que a perder por minha causa a encontrará."[9]

A luta contra os espíritos malvados do ar

"No demais, irmãos meus, fortalecei-vos no Senhor e na força do seu poder. Revesti-vos de toda a armadura de Deus, para que possais estar firmes contra as astutas ciladas do diabo. Porque não temos que lutar contra a carne e o sangue, mas, sim, contra os principados, contra as potestades, contra os príncipes das trevas deste século, contra as hostes espirituais da maldade, nos lugares celestiais."[10]

O homem é uma imagem do cosmo. Por isso ele é denominado microcosmo. Mas esse microcosmo

[9] Mateus 16:24–25.

[10] Epístola aos Efésios 6:10–12.

degenerou quando o sol central, o Espírito, se retirou desse sistema, cujo núcleo mantém-se em vida graças a um fogo tenebroso, o princípio fundamental da natureza dialética. Esse fogo se manifesta no instinto de autoconservação. Ele exprime-se na personalidade e já não obedece a Deus, mas é guiado pelos arcontes e pelos doze éons. São essas forças ímpias da natureza que mantêm o mundo e a humanidade sob seu império e os governam.

Como consequência, a esfera mais exterior do microcosmo — o firmamento aural — fica degradada por completo. Essa esfera reflete o estado interior dos seres humanos e está submetida à influência dos poderes dialéticos e de seus sectários. Quem deseja libertar-se disso e seguir o caminho da Gnosis para sair das trevas e alcançar o mundo da luz eterna deve tornar-se outra criatura pela transfiguração, no sentido literal da palavra.

A transfiguração significa a substituição total do núcleo tenebroso, ao mesmo tempo em que a edificação de uma nova personalidade se desenvolve. Por conseguinte, a transfiguração significa a libertação e a ressurreição do homem-deus interior. Esse processo apaga as falsas luzes enganadoras do firmamento aural. E João diz em Patmos:

"E vi um novo céu e uma nova terra. Porque o primeiro céu e a primeira terra passaram."[11]

[11] Apocalipse 21:2.

Antes que o novo céu e a nova terra apareçam, a antiga natureza deve "declinar" totalmente "em Jesus". Essa fase do caminho revela o homem-alma despertado, mas que ainda não renasceu "pelo Espírito Santo". Antes da ressurreição, ele deve primeiro descer aos infernos, libertar-se do círculo vicioso das forças dialéticas — os éons, com suas armadilhas, sugestões e tentações.

O evangelho Pistis Sophia

Nesse período, o candidato é "um peregrino através do círculo das estrelas", como disse Apolônio de Tiana. De forma deliberada e consciente, ele se desvia de toda sugestão astral proveniente tanto do microcosmo como do macrocosmo. Sobre esse caminho ele comete ainda muitos erros, mas na força da Gnosis ele levará até o fim sua imitação de Cristo. Muitos textos gnósticos descrevem o combate para se livrar do fogo astral e os esforços necessários para libertar em si o homem-Deus. O candidato é então auxiliado por todos os lados, como o vemos no décimo terceiro cântico da Pistis Sophia: "Em verdade, em verdade, eu vos digo, antes de minha vinda a este mundo, nenhuma alma entrou na luz. E agora que eu vim, abri as portas da luz e abri os caminhos que conduzem à luz. E, agora, possa quem faz o que é digno do mistério receber os mistérios e entrar na luz."[12]

---

[12] *Pistis Sophia,* cap. 135. Ver: Rijckenborgh, J. v. *Os mistérios gnósticos da Pistis Sophia.* Jarinu: Lectorium Rosicrucianum, 2012.

O caminho da luz está aberto a todos os homens. Ninguém fica excluído da libertação, a menos que ele mesmo se exclua por seu comportamento. O evangelho *Pistis Sophia* descreve com detalhes as condições e as fases do caminho da libertação, se bem que numa linguagem, às vezes, velada. Nele é repetido com insistência que Jesus não é desta natureza, mas que ele vem como um enviado do reino da luz. Aí é feita clara referência às duas ordens de natureza, distinção feita por muitos escritos gnósticos. A Pistis Sophia se esforça por escapar do aprisionamento dos doze éons e entrar no caminho libertador do Décimo Terceiro Éon, por um processo de treze etapas simbolizadas por treze cânticos de arrependimento.

Os arrependimentos da Pistis Sophia

O primeiro cântico de arrependimento é o cântico da humanidade. A Pistis Sophia reconhece o estado real do mundo e da humanidade.

No segundo, o cântico da consciência, o autoconhecimento se aprofunda. Quem sou? De onde vim? Para onde vou?

O terceiro é o cântico da humildade. A nova compreensão, proveniente do toque das forças gnósticas, faz nascer a humildade, a paciência, a mansidão e a confiança em Deus.

Depois vem o quarto cântico de arrependimento: o cântico da demolição. A finalidade é a renúncia total e fundamental à luta das forças contrárias.

É o aniquilamento completo do antigo estado de alma.

O quinto cântico é o da rendição. A Pistis Sophia o exprime quando todas as criaturas materiais de Authades a ameaçam. Com base no processo já vivenciado, ela testemunha sua resignação e sua consagração total à luz. "E, portanto, ó luz de minha salvação, eu te louvo na ordem do alto e novamente no caos."

Então, segue-se o sexto cântico, o cântico da confiança. Nessa fase a Pistis Sophia prossegue seu caminho de cruz até o aniquilamento completo da antiga natureza. Essa viagem até o ponto zero do eu da natureza é o caminho da Rosa-Cruz, que abre o sistema inteiro às radiações regeneradoras da alma-espírito que desperta.

O sétimo é o cântico da decisão e do não ser. Neste momento se alcança o ponto mais baixo do estado dialético. "Deste tudo, mas não tua vida; sabe então que não alcançaste nada." Nesse ponto os doze éons se opõem ainda uma vez para a Pistis Sophia não atravessar a linha de separação. A "força com cabeça de leão" intervém, a força da imitação e do engano, e a Pistis Sophia entoa então seu oitavo cântico de arrependimento: o cântico da perseguição.

No nono cântico ela finalmente rompe com a ilusão, e no décimo cântico ocorre a abertura: a aurora está lá, sua prece foi atendida. A luz foi-lhe agora enviada de outra maneira. Pela primeira vez, a Pistis Sophia experimenta a nova força-luz de modo consciente. Mas ainda não se trata da libertação definitiva. Essa nova experiência da Gnosis implica também numa nova tarefa, uma missão. Os cânticos de arrependimento que ainda restam mostram a realização dessa missão para assegurar a libertação absoluta.[13]

A mensagem da Doutrina Universal

Quando comparamos a descrição do caminho da Pistis Sophia a outros escritos gnósticos, vemos que aqui o círculo se fecha. Trata-se de uma tentativa universal e espiritual para libertar todos os que são prisioneiros da noite e da morte. Embora, à primeira vista, os cânticos de arrependimento da Pistis Sophia pareçam ainda muito velados e pouco atrativos, não se trata, entretanto, da descrição de um caminho de aflição e de dor. É um caminho cheio de alegria que termina na vocação final do homem.

"Alegrai-vos, rejubilai e somai alegria à alegria, pois chegou o tempo de vestir-me com a veste que me fora destinada desde o princípio e que eu havia deixado no Primeiro Mistério, até que chegasse o tempo da consumação. O tempo da realização é também o tempo onde o Primeiro Mistério me ordenou para que vos falasse do começo da verdade até sua realização, e do mais

[13]Rijckenborgh, J. v. *Os mistérios gnósticos da Pistis Sophia.* Jarinu: Lectorium Rosicrucianum, 2012.

interior do interior até o mais exterior do exterior, pois o mundo será salvo por vós."[14]

[14] *Pistis Sophia,* cap. 8. Ver: Rijckenborgh, J. v. *Os mistérios gnósticos da Pistis Sophia.* Jarinu: Lectorium Rosicrucianum, 2012.

3

Gnosis, revelação dos mistérios

Com a intervenção de Jesus,
o mundo inteiro se tornou
uma escola de mistérios.

Sempre existiram escolas de mistérios, até mesmo na época de Jesus. Elas existiram na Grécia, em Elêusis e em Delfos, onde eram venerados Orfeu e Apolônio, guardiães dos mistérios. Existiram na Pérsia, onde se ensinava a sabedoria de Zoroastro. Na Ásia Menor e no Egito, elas estavam baseadas nas tradições de Attis e Osíris, respectivamente. O Antigo Testamento menciona um grupo de homens consagrados a Deus, os nazarenos, ao qual pertenciam Sansão e Gideão.

É certo que os profetas conheciam essas escolas de mistérios. Com efeito, eles insistiam sempre no fato de as cerimônias exteriores representarem os processos interiores destinados a restabelecer a ligação entre Deus e os seres humanos. Sabia-se, naqueles tempos, que a humanidade deveria passar pelo ponto mais baixo de seu desenvolvimento na matéria a fim de poder ligar-se outra vez a Deus, o que a Fraternidade dos Libertos garante a todos os que aceitam seguir esse caminho.

No decorrer desse processo, o iniciado recebia o conhecimento contido nos mistérios. Os hierofantes, que mantinham uma ligação consciente com as forças divinas e viviam segundo suas leis, representavam o papel de intermediários. Conhecer os símbolos que utilizavam para transmitir esse conhecimento é de importância secundária.

Uma nova evolução da humanidade

Até a vinda de Jesus, esses mistérios permaneceram secretos. Jesus, ele mesmo iniciado nos mistérios judaicos, ensinava que a natureza terrestre deve morrer no decorrer de um processo consciente para que a natureza divina possa despertar e se desenvolver. "Quem perder a sua vida por amor de mim," — para o Espírito divino — "achá-la-á." Sua vida foi um testemunho desse processo que, até aquele momento, apenas se podia seguir dentro dos muros de uma escola de mistérios. Jesus renunciou a seus pensamentos, sentimentos e vontades eu-centralizados a fim de dar ao filho de Deus nele a possibilidade de crescer.

Em sua época, a humanidade havia chegado a tal ponto de desenvolvimento que seu avanço espiritual necessitava da revelação dos mistérios. Tornou-se possível ao ser humano fazer a experiência do processo da morte e da ressurreição interiores de forma autônoma e sob sua própria responsabilidade. Isso significava que, a partir daquele momento, o despertar do verdadeiro eu se tornava uma experiência consciente. Já não era, como antes, apenas uma ideia para memorizar, mas uma experiência para ser vivenciada.

O que Jesus fez tornou-se possível porque a Fraternidade Universal, nele e por ele, se religou à humanidade. Ele era o Cristo, o Ungido, que recebera as forças do Espírito e as vivenciara, colocando-as à disposição de todos para realizar o caminho. Desde então a terra inteira se tornou uma escola de mistérios, mistérios já não revelados com exclusividade a um pequeno grupo de eleitos, mas a todos os homens que deveriam, então, penetrá-los e vivenciá-los de modo pleno, de forma bem consciente. Por isso, as antigas escolas de mistérios existentes podiam fechar suas portas. Jesus havia revelado o conhecimento secreto. Esse conhecimento, a Gnosis, emergiu como corrente histórica que se manifestou nas regiões que rodeiam o Mediterrâneo.

Perguntamo-nos sempre como a Gnosis surgiu de repente no mundo, como que saída do nada, sem preparação e com toda sua plenitude. Ela apresentava os traços de todas as culturas e tradições da época, mas de onde vinha? Da Pérsia, de Israel, da Grécia, do Egito? A resposta não é difícil se imaginamos que "Gnosis" é a sabedoria revelada pelas autênticas escolas de mistérios. Vemos então, de maneira bem clara, por que ela apareceu tão de repente por toda parte de uma única vez e de forma perfeita. Com a manifestação de Jesus, o segredo já não era nem necessário nem admitido. Os vestígios da sabedoria secreta do passado, buscados com tanto ardor, já não existiam para serem descobertos. Pelo fato de existirem escolas de mistérios em todos os países e culturas em que a sabedoria permaneceu oculta, pois seus guardiães tiveram de obedecer a lei do silêncio absoluto, a Gnosis aparece abertamente no mesmo instante por toda parte, mas sob formas diferentes, por exemplo nas culturas judaica, grega e persa.

Uma nova etapa na grande meta final

Não é importante saber qual foi a primeira forma, visto que dos verdadeiros lugares santos emana sempre uma corrente poderosa e universal da "Gnosis". Muitos se perguntam qual o motivo de tantos movimentos gnósticos designarem um salvador do mundo que não era Jesus. Em alguns manuscritos de Nag Hammadi, os salvadores têm nomes egípcios e persas, mas há também os que se referem a Jesus. É possível responder a essa questão da seguinte forma: os hierofantes dos mistérios abriram suas portas na época de Jesus e sabiam que a sabedoria havia se manifestado em Jesus, a manifestação pública dos mistérios se realizara e, por meio de Jesus, a humanidade se aproximara da Fraternidade da Vida a ponto de possibilitar uma nova etapa na grande meta final da existência humana. Alguns hierofantes também se serviram dos nomes dos salvadores dos períodos passados. Em alguns textos da Biblioteca de Nag Hammadi, por exemplo, fala-se de Seth, filho de Adão.

Outros, diante da importância desse novo período, introduziram o nome de Jesus em seu ensinamento. Mas é o nome da força libertadora assim tão importante para os que seguem o caminho que leva ao verdadeiro homem? Trata-se sempre do mesmo impulso espiritual! A razão pela qual a libertação, nos escritos gnósticos, é sempre descrita como parte de um imenso processo cósmico é também compreensível. O Novo Testamento fala de redenção, mas a criação do mundo e o papel da humanidade nesse processo são pouco mencionados. Ele não trata nem da humanidade antes da queda nem da possibilidade do retorno à origem. Ora, esse processo faz parte das sabedorias tradicionais judaica, grega e egípcia, que mostram de modo claro as relações cósmicas. Todos os sistemas gnósticos apresentam mitos que descrevem o nascimento do mundo espiritual, a criação do mundo terrestre, as hierarquias espirituais e as hierarquias dos anjos e dos arcontes que dirigem o mundo.

A Gnosis, conhecimento direto de Deus

No livro *Gnosis en de laat antieke geest* (A Gnosis e o último espírito antigo), Hans Jonas afirma que a característica psicológica e espiritual típica do Mediterrâneo da época criou a noção de "gnosis". Segundo ele, o homem vivia então em uma espécie de vácuo onde haviam desaparecido os valores espirituais tradicionais, perdendo todos os seus poderes diante do desafio dos novos tempos. Já não havia certezas. As estruturas sociais, assim como as normas e os valores gerais já não tinham sustentação alguma. O homem, confrontado com um imenso caos, tinha imaginado, por compensação, algo como uma série de crenças e de desenvolvimentos supranaturais aos quais ele aderiu para perpetuar sua existência. Para ele, o mundo não era um lugar de provas ou um cosmo, um domínio de ordem e beleza onde havia sido admitido outrora. Segundo esse autor, para poder-se entregar a experiências espirituais é preciso satisfazer antes determinadas condições prévias. Mas ele não afirma que os gnósticos vivenciavam justamente essas experiências.

Todavia, os gnósticos descrevem as experiências vividas já há muito tempo nas escolas de mistérios. Elas são vivenciadas quando o princípio espiritual latente desperta interiormente e demonstra de modo claro o que o mundo tem de efêmero e de não-divino. Que essas experiências sejam belas ou caóticas não tem importância. Talvez precisamente quando os antigos sistemas desmoronam e reina o caos é que essas experiências espirituais se tornam mais evocativas.

A Gnosis não é fruto de uma sabedoria tradicional

Não se pode qualificar as experiências gnósticas de históricas, psicológicas ou culturais. Não se trata nem mesmo de classificar a Gnosis como fruto de uma sabedoria tradicional. A Gnosis é sempre uma experiência direta da luz divina. Se estudarmos a sabedoria dos mistérios em relação à história, é certo que antigos símbolos foram usados para representar essa experiência. Os lugares santos ofereciam a imagem exterior de uma sabedoria interior, sabedoria carregada de força libertadora que estimulava o gnóstico no caminho interior que ele seguia para chegar à libertação de sua alma.

Para estudar o significado do conceito "Gnosis", é preciso nos perguntarmos de onde vem a sabedoria original das escolas de mistérios. Alguns biólogos situam de bom grado a origem da vida em outro planeta, mas isso apenas faz deslocar essa origem, sem explicá-la. Acontece o mesmo com a origem da Gnosis. As experiências gnósticas dizem respeito a uma relação individual e direta com Deus, relação essa que se perdeu. Essas experiências são espirituais, sem desenvolvimento histórico, sem modelo cultural. Não são especulações ou descobertas arbitrárias. Elas nos falam do ser humano verdadeiro e do mundo real de onde o homem interior se originou. E, o que é específico da Gnosis, elas nos ensinam que é preciso vivenciar o caminho de retorno a esse mundo original.

Um processo vivido pela alma

Trata-se aqui da verdade universal, que sempre se revelou e se revela aos instrutores e alunos da Gnosis. Ela se revelou a Jesus Cristo, que a ensinou publicamente, e cujas experiências os gnósticos confirmam. Muitos foram seus alunos, outros, discípulos posteriores, mas todos testemunharam a mesma coisa porque vivenciaram o mesmo processo em sua alma.

Assim, podemos afirmar que é certo que a Gnosis se revela em momentos psicológicos da evolução da humanidade. Assim que esta estiver madura para receber esse conhecimento direto, os instrutores aparecem, como acontece na atualidade, quando muitos buscadores têm a possibilidade de encontrar, em si mesmos, a ligação com a Gnosis.

4

Os mitos gnósticos

Os mitos gnósticos se dirigem ao princípio de luz mais ou menos latente no homem e são suscetíveis de inflamá-lo na Gnosis.

O aguilhão da busca não dá um instante de repouso ao homem sedento de conhecimento. Um escrito gnóstico cristão exprime essa inquietude da seguinte forma: "O que somos? O que nos aconteceu? Onde estamos? Para onde fomos arrojados? Para onde corremos? De quê fomos libertados?"[15]

Cada época forja seus próprios mitos: contos sobre deuses, heróis nacionais, gênios ou ídolos. Contudo, um mito gnóstico responde a condições muito especiais. Não se trata de acontecimentos ocorridos em certa data e em determinado lugar, explicando o mundo e o homem segundo o ponto de vista vigente. As questões a que se referem tratam do conhecimento da verdade

---

[15] Clemente de Alexandria, *Ex Theodoto*, 78, 2.

absoluta. Elas vêm do mais profundo da alma humana e exprimem sua busca; uma procura que não depende do espaço e do tempo.

Trata-se aqui do destino da alma, cuja origem é eterna e divina, que foi lançada na prisão deste mundo e, conhecendo sua origem, procura uma saída, procura o caminho de sua libertação. Os mitos gnósticos sempre existiram. E quaisquer que sejam as imagens e a linguagem que empreguem, adaptadas a esta ou aquela época, eles têm como base um fundamento eterno imutável. O gnóstico conhece e presta serviço ao verdadeiro conhecimento. Portanto, a mensagem dos mitos gnósticos é "conhecimento", termo que é expresso pela palavra grega *gnosis.* Mas, a quê se refere esse conhecimento?

Um caminho de revelação interior

O conhecimento gnóstico não é uma teoria, mas uma vivência interior de Deus. É, portanto, um conhecimento direto. Essa revelação acontece quando a evolução da alma chega a seu ponto mais alto e ela já não luta, a não ser para obter o conhecimento absoluto. Logo, receber o conhecimento é sempre o ponto de partida e o objetivo da busca. Recebemos a Gnosis no momento em que nossa alma, desesperada da existência terrestre, percebe sua profunda ignorância e a opressão de sua prisão. A alma abandona então suas quimeras e ilusões da vida terrestre. Nesse momento a luz pode manifestar-se nela, esclarecer seu estado interior e mostrar-lhe o que ela procurava. A luz desce ao estado mais interior da alma e a eleva a um nível de vida superior.

No *Apócrifo de João,* esse fato é descrito de forma tão expressiva quanto impressionante. João é o buscador. Ele quer conhecer o Pai. É um aluno dos mistérios que, impulsionado pelo princípio de luz escondido em seu coração, está a caminho do templo. Lá, um fariseu o saúda com as seguintes palavras: "Onde está o teu mestre, a quem seguias?", e acrescenta que ele está sendo vítima de um engano que o desvia do verdadeiro caminho. Quando João ouve essas palavras, sai do templo e dirige-se para a montanha, para um lugar solitário.

João é confrontado com o vazio e a dureza do mundo exterior. Esse encontro revela o estado interior de sua alma. Suas representações pessoais da verdade o conduzem até um limite, e ele é surpreendido pela dúvida de si mesmo. Ele vê sua falta de conhecimento autêntico e sente-se numa profunda escuridão. É isso que representa "o lugar solitário" do qual fala o *Apócrifo de João.* Nessa escuridão, suas imagens da verdade desaparecem por completo.

O que sabe ele pessoalmente do Redentor? Nada lhe é ainda perceptível, e ele se pergunta com tristeza: "Por que, então, o Redentor foi escolhido? Por que foi enviado por seu Pai ao mundo? E quem é seu Pai? E de que tipo é o éon ao qual teremos de ir? Ele nos disse, por certo, que esse éon assumiu a forma do éon eterno, mas não nos esclareceu como ele seria."[16]

O lugar solitário onde João permanece simboliza a experiência do não ser absoluto da personalidade terrestre. E João é aqui o símbolo do indivíduo que já não tem nenhuma ilusão terrestre. Assim sendo, sua alma livre volta-se para a montanha. Ela se orienta para o Espírito, representado aqui pela montanha. É nesse momento que o Redentor se manifesta na alma de João. A luz do Espírito o conduz para fora do vale da dúvida e lhe franqueia a fronteira em direção à verdade. O Redentor se apresenta como a imagem espiritual do homem perfeito, sob um tríplice aspecto: criança, ancião e servo. João reconhece esses aspectos e vê como eles mudam de maneira contínua, como a criança se torna um ancião, em seguida um servo, depois outra vez uma criança. Ele aprende a conhecer a unidade desses três aspectos: é uma unidade revestindo diferentes formas na luz, que estava diante dele, e as formas se manifestavam umas através das outras.[16]

João recebe o conhecimento em ligação direta com a luz, unidade que abrange o conhecimento (João), o objeto do conhecimento (o ser de Deus) e o meio para adquirir esse conhecimento (a luz).

[16] *O livro secreto de João*. Jarinu: Lectorium Rosicrucianum, 2014. (Cristal, 4).

A luz que nele vem à vida sob a forma do Redentor explica-lhe a verdade.

Os mitos gnósticos cristãos

A criança é o Filho que renova sua alma, o Cristo redentor. O ancião é o princípio de vida e de sabedoria do Pai. E o servo é o amor servidor e consolador do Espírito Santo. O princípio de luz interior revela de modo progressivo a verdade recebida. João conhece agora o mundo divino, a queda da alma-espírito, o nascimento do cosmo terrestre, mas também o destino da alma humana e o caminho da libertação que lhe é proposto. Os mitos gnósticos servem para transmitir aos buscadores as experiências comparáveis às de João. Trata-se aqui de processos que tocam a alma e o espírito, processos que permanecem fechados ao raciocínio intelectual e pelos quais podemos chegar a certa compreensão, graças aos símbolos.

Como todas as narrativas míticas, os mitos gnósticos apelam para a imaginação. Sua característica é transmitir os conhecimentos em diversos domínios, conhecimentos revelados pelo Espírito de Deus. Os mitos se dirigem ao principio de luz mais ou menos ativo no homem e são suscetíveis de inflamá-lo na Gnosis. É nesse momento que o próprio Redentor age nele e alivia a falta de conhecimento, restabelecendo a ligação original. Os mitos gnósticos, na qualidade de intermediários, explicam a finalidade da Gnosis, pois trata-se sempre, nessas narrativas, de que falta à alma decaída a verdadeira sabedoria capaz de suprimir os efeitos da queda. Nos escritos encontrados em Nag-Hammadi, por exemplo, esse aspecto é explicado de forma clara.

Tendo em vista que os narradores não estavam ligados à Igreja nem a seus dogmas, seus escritos são por certo o fruto de seu livre pensamento. Eles extraíram suas matérias das diversas tendências religiosas e culturais (gregas, judaicas, persas, cristãs), e depois instituíram uma estrutura semelhante, tanto quanto possível, às representações da época. No núcleo desse mito existe sempre a verdade única, universal e divina, livre de todos os dogmas e tradições. Trata-se de fato de um único grande mito gnóstico, com formas e variantes sempre novas, destinado a tocar a centelha-de-luz nos seres humanos. Numerosos escritos gnósticos colocam alguns textos do Antigo Testamento de uma forma nova, esclarecedora e revolucionária.

O Deus invisível

O mundo terrestre, dizem as narrativas da Criação, não é a obra do Deus supremo, mas de um ser decaído de uma ordem inferior. Os gnósticos o denominam o "criador do mundo" (do grego: demiurgo) e com isso entendem o Deus criador dos judeus (Gn 2:4–17). Eles afirmam que esse Deus não é idêntico ao Deus que criou o Espírito e os seres espirituais (Gn 1:2–3). O próprio demiurgo foi criado por consequência de um erro. A criação terrestre inteira e suas entidades foram por ele chamadas à vida devido a esse erro, e apareceram num mundo de ignorância e de trevas.

Os homens no estado de queda não conhecem o verdadeiro Deus original. Os gnósticos descrevem-no dotando-o de toda sorte de atributos, mostrando o que ele não é. As normas e representações terrestres não podem ser aplicadas a ele.

Os gnósticos falam de um Deus de luz e de amor inconcebível, inexprimível, imutável, incompreensível, não nascido, espiritual e invisível. No *Apócrifo de João* é dito: "Ele não tem uma dimensão comensurável. Nenhum ser ou entidade pode abarcá-lo com seu pensamento. Portanto, ele realmente não é nada que exista, sendo muito superior a tudo."[17]

Segundo Irineu, os gnósticos dizem que ele existe nas alturas invisíveis e incomensuráveis, um éon eterno e perfeito; quer dizer, um ser sobrenatural, designado como "a origem primordial, o pai original, o fundamento original" (*bythos*). Esse éon é inconcebível e invisível, eterno e não nascido; ele sempre esteve em grande repouso e em grande silêncio, no espaço e tempo infinitos.[18]

No *Tratado tripartido* é dito que a linguagem humana é insuficiente para descrever o original.

[17]Códice de Berlim.

[18]Irineu, *Adversus Haereses.*

"Nenhum nome que se forme, que se exprima, que se encontre ou que alguém dê, nenhum nome, seja ele o mais glorioso, o maior e o mais venerável, se aplica a ele."[19] No Evangelho de Filipe, com frequência os nomes e designações dados às coisas terrestres e celestes são classificados como erros e se referem essencialmente a coisas diferentes. O erro vem do fato de que partimos do que é limitado e terrestre para avaliar o não-terrestre e ilimitado. Os nomes aplicados às coisas perecíveis deste mundo nos fazem cair no erro. Eles desviam a atenção do imperecível para o perecível. E quem ouve pronunciar hoje a palavra "Deus", por exemplo, não reconhece nele o princípio imperecível, mas apenas o princípio perecível. Assim, todos os nomes dados ao mundo divino, como diremos mais adiante, nos induzem ao erro. Isso é igualmente verdadeiro para os nomes como Pai, Filho, Espírito Santo, Vida, Luz, Ressurreição, Igreja, e todas as outras denominações. Elas já não estão associadas à ideia de incorruptibilidade, e, assim sendo, a incorruptibilidade não é reconhecida.[20]

É evidente que a ideia gnóstica da Divindade está diametralmente oposta a todos os conceitos difundidos que se referem ao deus do mundo e aos deuses da natureza. À pergunta: Como foi que os gnósticos chegaram a essa concepção? Podemos

---

[19]Valentino, *Tratado tripartido.*

[20]Evangelho de Filipe, manuscrito da Biblioteca de Nag-Hammadi.

responder dizendo que seus escritos são frutos de revelação. Com efeito, é pela revelação interior que o gnóstico aprende a fazer distinção entre a verdade divina e a verdade humana. Ele vê que a verdade divina é amor, Sabedoria e Vida, e que ela o introduz no mistério do incompreensível, libertando-o do erro e da ignorância. Ela desmascara por completo a ordem do mundo terrestre. Quando um gnóstico vivencia a luz, quer dizer Deus, o Redentor, ele reconhece também o deus das trevas. Ele vê que vagou neste mundo e já não resiste ao caminho de suas numerosas experiências até o momento em que chega ao limite da ilusão e do erro, ao momento em que a centelha-de-luz divina desperta em seu coração. Ele diz, então, como no *Evangelho da verdade:*

"Assim também acontece com todos os que se livram da ignorância como que saindo do estado de sono. Eles nada mais retêm do sono nem das criações do sono porque estas não são duradouras. Deixam-nas para trás como os sonhos da noite. O conhecimento acerca do Pai é, para eles, como a luz."[21]

A dupla natureza do homem terrestre

O conhecimento de Deus não é uma teoria, mas uma força que abre o caminho de retorno à origem. Nesse caminho, o gnóstico se vê como um

[21]Evangelho da Verdade. Ver: *O Evangelho da Verdade · O Evangelho de Maria: O conhecimento que ilumina.* Jarinu: Lectorium Rosicrucianum, 2014. (Cristal, 3).

ser duplo. Ele se encontra entre dois campos de existência e procura em si mesmo as raízes desses dois campos: por um lado, ele é filho do criador terrestre; por outro lado, ele traz em si o germe do homem celeste. Esse reconhecimento é a base da imagem gnóstica do mundo das duas ordens de natureza: uma natureza corruptível e uma natureza incorruptível.

O conhecimento de Deus dá ao gnóstico a possibilidade de percorrer o caminho de libertação da alma. Ele sabe, por isso, que traz em si o germe do Pai.

No *Apócrifo de João* é dito:

"Ninguém de nós sabe como é o Imensurável na sua imensidão, a não ser quem nela morou. Isso somente nos pode comunicar quem se reconhece na sua própria luz."[16]

Contudo, ele sabe também que a centelha-do-espírito é prisioneira no homem terrestre. Quanto a saber como a alma divina pôde naufragar na matéria e por que ela deve nela permanecer prisioneira até sua libertação pela luz, os gnósticos respondem pela sua cosmologia e pela sua antropologia.

Essa parte do mito gnóstico permite compreender a existência do cosmo e do homem. Depois de o Redentor ter revelado o ser divino a João, ele disse:

"Eu vim para te revelar o que é, o que foi e o que acontecerá, para que reconheças tanto o visível quanto o invisível e para te ensinar sobre o Homem perfeito."[16]

O mundo da totalidade divina

O mundo do Universo divino — a ordem da natureza divina — dividide-se em três domínios, segundo os gnósticos. O primeiro é o reino do Pai, o não nascido, o Espírito original. Essa fonte original do Espírito gera, com base na substância original que é também ele mesmo, o Filho, a luz. A fonte original e a substância original são o Pai-Mãe, a luz é Cristo.

No segundo domínio, Cristo age com a Sophia superior — a Sabedoria — e engendra o homem original. No terceiro domínio, ele forma o primeiro homem espiritual e engendra sete forças originais divinas e doze princípios originais divinos. São os éons que criam as formas do mundo espiritual. O último éon é a Sophia inferior. Desses princípios e forças originais nasceu a Humanidade, a comunidade da Eclésia superior. Esses três domínios formam a unidade do Pai, do Filho e do Espírito Santo.

A queda da Sophia e sua criação terrificante

No mundo da paz e da unidade, a Sophia inferior conheceu um desenvolvimento dramático. Ela é considerada um éon relativamente jovem, que começou a exercer sua atividade em certa instabilidade e, além disso, negligenciou a vontade do

Espírito. De fato, ela criou de forma temerária e prematura, sob o impulso do sentimento de sua nova liberdade, de sua nova independência. Ela não estava ainda religada à lei do Espírito.

Nessas condições, duvidou de si mesma, "pois, não sendo capaz de suportar a claridade da luz, ela olhou para o abismo e foi tomada pela dúvida. Disso nasceu uma aterradora e dolorosa dualidade, assim como um desgosto engendrado pela dúvida de si mesma; e seu desgosto era o esquecimento e a ignorância de si mesma e da realidade." Ela engendrou uma criatura aterradora: "um poder com aspecto de leão, às vezes homem e mulher, e dotado de grandes poderes, mas que não sabia de onde provinha." Trata-se do demiurgo denominado Ialdabaoth ou Authades, que não é outro senão o próprio princípio da independência e do egocentrismo desenfreados.

Ialdabaoth declara logo após seu nascimento: "Eu sou um deus ciumento, não há outro deus além de mim."[16] Esta criação terrificante originária da Sophia inferior invoca então à vida uma criação pessoal. Um reflexo do mundo da plenitude divina, um reflexo tríplice. Assim, nasceram o cosmo terrestre com sete arcontes e doze éons, e por fim o homem terrestre.

Contudo, o Pai estendeu um véu entre o mundo imutável do Espírito e a criação de Ialdabaoth. O mundo interior e o mundo exterior foram separados um do outro a fim de que o exterior não pudesse perceber o interior e nele penetrar. Segundo o *Tratado tripartido:* "o Pai agiu assim a fim de que as coisas que viessem a existir na ordem transitória constituíssem uma ordem cheia de amargura. Ao criar assim dois mundos," é dito mais adiante, "o Pai quis oferecer a possibilidade de distinguir os dois e chegar à compreensão do que é divino e do que não o é."[19]

Em seguida, houve a criação do homem por Ialdabaoth e seus poderes. Trata-se do terceiro domínio da imitação. Como essas criaturas eram cegas e carentes do Espírito, e viam tão-somente a imagem exterior da Sophia, criaram o homem segundo essa imagem. Este possuía, portanto, não uma alma espiritual, mas uma alma animal, e não estava apto para a verdadeira vida.

A implantação das sementes da luz

Ao ver o que o seu ato arbitrário produzira, a Sophia foi tomada de grande pavor. Ela se mostrou arrependida, voltou-se para o alto e implorou o auxílio de Cristo, cuja força a sustentou, e começou a obra de salvação com Cristo. A criação cega de Ialdabaoth devia retornar à sua origem. Por compaixão, a Sophia plantou uma semente de luz na alma animal do homem. Uma centelha-do-espírito foi depositada em cada um a fim de que vivesse de acordo com o verdadeiro sentido da palavra. Essa centelha é o sopro divino (*pneuma*), a garantia da salvação. Quando a compreensão inflama essa centelha, a recriação do homem interior, do homem original, é possível. No fim dos tempos, a luz atingirá o próprio Ialdabaoth e o lançará no abismo profundo (tártaro), de onde ele nunca mais sairá.

A situação do homem de hoje

Não exprime esse mito cósmico de modo preciso o estado atual do microcosmo do ser humano? O microcosmo original vivia em unidade com o Espírito divino. Nele morava a Sophia, a personalidade celeste. Esse sistema tríplice se encontrava em harmonia com o mundo divino. Depois a alma-espírito começou a construir seguindo sua própria vontade, o que provocou uma perturbação. Já não era a sabedoria divina que agia, mas o princípio do egocentrismo. É o eu aural cego, a força com cabeça de leão, Authades ou Ialdabaoth, o criador de um firmamento pessoal.[13]

Essa força criou apenas imitações às quais faltava o Espírito e adaptou-se por inteiro às leis da natureza. Ela criou a personalidade terrestre, mortal, pois foi impossível para a forma de luz original viver no microcosmo depois que as condições foram modificadas nele. Em seu lugar foi criado, com base nos elementos da natureza, um "portador de imagem", reflexo da forma de luz original. Esse portador de imagem foi religado ao microcosmo e à centelha-de-luz.

Nos mitos é dito que o amor divino implantou uma centelha-de-luz no homem terrestre. Essa centelha cresce como uma semente para enfim forçar a abertura para o alto. Assim, a criação errônea de Ialdabaoth e o próprio Ialdabaoth poderão ser aniquilados e reconduzidos na criação do Espírito. Quando cessamos de dizer, por egocentrismo "eu sou deus e não existe ninguém fora de mim", a alma-espírito tem a possibilidade de reviver e de se unir ao Redentor.

João mostra ao homem sua verdadeira vocação porque o caminho que conduz à origem tomou forma nele outra vez. Em sua dúvida mais profunda, sua fé constitui o ponto que o religa ao Espírito. Sua fé eleva-se das forças que, em seu coração, aspiram ao Espírito. A força de radiação da Gnosis toca o coração aberto e o religa à cabeça. A força da ideação projeta, na cabeça de quem a recebe, a imagem da montanha: é a montanha onde João se entrega para receber o conhecimento.

Sua personalidade é o portador da imagem, na qual o Redentor pode manifestar-se a fim de lhe dar o conhecimento, a sabedoria verdadeira e vivente, e de reconstituir a forma original em seu microcosmo.

5

A Gnosis no decorrer da história

O ser que está em harmonia
com a Gnosis vivencia
Deus de maneira direta.
Ele vê a verdade interiormente.

Como podemos nos libertar do mundo imperfeito? Por que este mundo é imperfeito? Por que ele é bom e mau? Se Deus é amor, de onde vem esta criação que não demonstra nenhum amor?

Essas perguntas preocupam, sem cessar, pensadores e filósofos. São perguntas que levam direto ao ensinamento da Gnosis. A Gnosis afirma que a queda do homem num mundo imperfeito, um mundo de trevas, nem bom, nem ruim, mas separado de Deus, é a causa do sofrimento. Cristo disse: "Ninguém é bom senão um, que é Deus."[22]

Isso não se refere ao estado moral do homem, mas ao fato de que seu nascimento nas trevas o exclui da luz. Bom, nesse sentido, significa: nascido no

[22] Marcos 10:18.

mundo da luz. O que provém das trevas é trevas, apesar de todos os esforços para melhorar esse estado de coisas.

Sempre houve homens que se dedicaram a essas questões fundamentais, que não encontraram repouso no mundo da queda e, por impulso interior, procuraram um conhecimento superior, o "verdadeiro conhecimento", que é denominado *Gnosis.*

Os gnósticos são, portanto, considerados buscadores do verdadeiro conhecimento. Deles nasceram grandes correntes espirituais cuja própria essência é fundamentalmente gnóstica. No decorrer dos tempos, essa pura essência foi rejeitada ou ignorada após buscas mal orientadas, ou por falsificação deliberada.

O cristianismo original possui um fundamento gnóstico. Quando Jesus disse: "Meu reino não é deste mundo," ele apoiou-se no sublime conhecimento que provém da unidade com o Espírito, da unidade com o Pai.

Entretanto, diante da tradição judaica da época, seu ensinamento pareceu contestar a ordem estabelecida. A Gnosis é sempre herética no que se refere aos conceitos religiosos em vigor, pois a experiência interior da sabedoria de Deus se choca necessariamente com as tradições religiosas esclerosadas. O relato da vida de Jesus e sua luta contra a ortodoxia de seu tempo são testemunhas disso.

Ele é conhecido pelo seu nome
Os primeiros cristãos eram verdadeiros gnósticos, não em sentido de um gnosticismo histórico, mas no verdadeiro sentido da palavra, isto é, homens possuidores do conhecimento direto do plano divino. Pela radiação de Cristo, eles eram religados à força da Gnosis, ou seja, ao próprio Deus. Eles vivenciavam essa força em si mesmos diretamente, sem a necessidade de um intermediário. Sua fé consistia em profunda experiência pessoal, um conhecimento interior adquirido, sem dogmas ou crenças impostos do exterior e não vivenciados de fato. Paulo descreveu assim esse estado: "É dito, o justo viverá pela fé." (Hc 2:4 e Gl 3:11–25). Ele se refere aqui à verdadeira fé interior. A lei, o dogma, não se baseia na fé. Os dogmas são dialéticos e não dão acesso à verdadeira vida. Ao contrário, eles mantêm o mundo da aparência. Quem crê apenas segundo a letra da lei liga-se às leis do mundo e deixa-se conduzir por elas.

O que é um toque gnóstico? Como perceber esse toque? E quais são suas consequências?

Uma experiência gnóstica provém de um toque do Espírito Santo, e quem é tocado pelo Espírito apenas pode agir pelo Espírito e manifestar o Espírito. O Espírito irradia nele com uma força ilimitada. A Bíblia diz: "ele é conhecido pelo nome". Gnosis e Espírito são idênticos. A verdadeira Gnosis conduz à unidade, ao Espírito, à vida eterna. Quem recebe a Gnosis ouve a voz do Espírito falar em seu próprio coração; ele espalha a mensagem com calma e certeza. Gnosis e Espírito formam uma unidade indivisível, eles são um.

No início do cristianismo essa unidade ainda estava claramente presente. Mas ela se perdeu aos poucos, à medida que enfraquecia o impulso da luz de Cristo. Uma vez abalada a unidade, apareceram divisões. Incerteza e luta tornaram-se cada vez mais frequentes entre os crentes, e, devido a essa incerteza, regras foram elaboradas para incluir a experiência de Deus nas instituições exteriores. A experiência interior da imitação de Cristo, que cada um deve praticar individualmente, foi como que delegada exteriormente a outros, pois se pensava que estes haviam vivenciado experiências gnósticas, o que ocasionou a funesta divisão entre crentes ortodoxos e crentes não-ortodoxos. Essa exteriorização fez que muitos já não experimentassem o Espírito em si mesmos. Entretanto sempre houve homens que viveram em ligação direta com o Espírito e disso testemunharam.

Os gnósticos dos primeiros séculos após Jesus Cristo
No primeiro século após Jesus Cristo, não havia ainda a igreja oficial. Existia o antigo ensinamento judaico e, ao lado, o novo ensinamento difundido pelos apóstolos. Em seguida, puros fragmentos do ensinamento gnóstico foram transmitidos por alguns grandes gnósticos na Ásia Menor e no Império romano. Sobretudo no segundo século, quando a Igreja Católica oficial

estava prestes a se constituir, numerosos grupos gnósticos utilizaram símbolos diversos, porém apoiados num único e mesmo fundamento espiritual.

Valentino de Alexandria foi um dos gnósticos mais conhecidos dessa época. Ele viveu por volta de 130 d.C. e pregou na Ásia Menor e mais tarde em Roma. Ele exprime seu credo com as seguintes palavras:

"Tornei-me seguro, e fui resgatado, e libertei minha alma desse éon e de tudo o que ele oferece, em nome de Jaos, que libertou sua alma para a salvação no Cristo vivente."

Segundo Valentino, o mundo é decaído, dirigido por um éon ímpio, uma concentração de força não divina. Há numerosos éons. A alma que possui a Gnosis e reconheceu sua origem deve libertar-se do mundo dos éons e retornar ao mundo da luz, o Pai original, o *Pleroma,* ou Plenitude divina. Como pode a alma que vive num corpo entenebrecido libertar-se?

Uma alma que possui a Gnosis dentro de si, diz Valentino, ouve a voz que a chama. Ela responde e volta-se para quem a chama. Mas antes de tudo, ela sabe que é chamada. A alma atraída reconhece a voz da origem, alcança a paz e se prepara para seguir o caminho que leva à sua pátria; ela se torna agradável a Deus e, por fim, se une de novo a ele, à luz, ao começo de toda a vida.

Valentino foi um aluno de Basilides, grande gnóstico que trabalhou sobretudo no Egito. Em sua essência, as respostas deste último sobre a imperfeição e o sofrimento são semelhantes às de Valentino. "O mundo é inóspito, ele é apenas miséria." Ele fala do "não ser de Deus. Deus não é exprimível, e ele também não é mais que inexprimível; e ele nem sequer é exprimível ou inexprimível."

Como Valentino, Basilides insiste no fato de que o homem deve desligar-se do mundo decaído e voltar à sua origem. Ele fala da "elevação na filiação divina". Os filhos de Deus aspiram à liberdade. Para alcançá-la, o ser humano deve primeiro reconhecer que ele está decaído, mas após tanto errar através das diferentes vidas no mundo decaído, onde se sobrecarrega continuamente de faltas e pecados, ele pode por fim chegar, pela compreensão e pelo amor, a abandonar o mundo do pecado.

O evangelho, a mensagem de Deus, desce do mundo da luz para os seres que têm a capacidade de voltar ao mundo da luz, diz Basilides, caso eles "se elevem". A libertação exige, pois, em primeiro lugar a compreensão. O ser humano deve neutralizar, sublimar, em todos os seus aspectos, sua ambição, seus desejos e sua vontade extraviados. Basilides repete, sem cessar, que o homem deve aprender a humildade. É pela humildade que a alma pode tornar-se gnóstica, quer dizer, reconhecer seu estado, e, assim, de maneira progressiva, elevar-se e retornar ao mundo original.

Tentativas de encerrar a Gnosis num sistema

Marcion tentou introduzir o ensinamento gnóstico de seu tempo em um sistema e elaborar uma dogmática gnóstica. Mas Gnosis e dogma se excluem mutuamente. A Gnosis é uma experiência autônoma da realidade do Espírito. Um gnóstico pode testemunhá-la por imagens e símbolos, mas ele não saberia transmitir suas experiências a outros sob forma de regras ou de sistemas. Segundo Marcion, certos escritos eram gnósticos, mas os que não obedeciam suas condições, ele os excluía de seus cânones. Filho de um bispo de Sinope, ele pregou em Roma, onde foi excomungado no ano 144 por inexatidão de suas posições.

Ele rejeitava o Antigo Testamento que, para ele, não era interessante para os gnósticos. Ele considerava o apóstolo Paulo como uma figura central e colocou seu ensinamento em primeiro plano. Considerando o Evangelho de Lucas como a mais pura tradução do ensinamento de Cristo, ele esboçou para seus adeptos um primeiro cânone fundamentado no Novo Testamento como base do verdadeiro ensinamento. Ele aí inseriu o Evangelho de Lucas parcialmente modificado e algumas Epístolas de Paulo reorganizadas. Suas correções visavam em especial as influências do Antigo Testamento.

As épocas turbulentas estimulam a pesquisa

Quando se trata dos gnósticos, sob o ponto de vista histórico, é preciso em especial não esquecer que a maior parte das informações – e somente alguns textos originais! – provêm de autores da Igreja de Roma, e é preciso sempre perguntar até que ponto essas informações sobre os "heréticos" são de fato objetivas. A apresentação de fragmentos de ensinamentos e de sistemas gnósticos feita pelos Pais da Igreja, tais como Irineu, Hipólito, Clemente de Alexandria, Orígenes e Epífano mostra bem que os tempos estavam turbulentos e que devia existir um grande número de movimentos gnósticos.

Valentino, Basilides, Marcion e outros gnósticos trabalharam durante os primeiros séculos após Jesus Cristo. No terceiro século, na Pérsia, surgiu o impulso gnóstico de Mani. Mais categórico do que seus predecessores, ele fala sobre a oposição entre o mundo decaído e a luz. Ele vê que existe um abismo entre a criação terrestre e o mundo do Espírito, e, para ele, o mundo conhecido não foi criado por Deus, mas pelas forças das trevas, corrompidas por inteiro. O mundo decaído é ilusão e trevas completas, mas a certeza de que no homem tenebroso existe uma centelha-de-luz divina é a base do seu ensinamento. Essa centelha-de-luz constitui a ponte para a vida original. O que denominamos de bem no mundo decaído é, para Mani, sempre trevas; apenas a ligação restabelecida com o reino da luz é o verdadeiro bem. Ele disse:

"Eu sou uma semente perfumada da luz, jogada e oculta entre os espinhos de uma escuridão profunda. Oh! recolhe-me e colhe-me! Conduze-me à minha morada, no ar da santa lei, nos rebanhos da luz".

Essa atitude fundamental, esse desejo de luz, é característico do gnóstico. Nós a encontramos em numerosos grupos e nos grandes enviados da realidade divina.

As comunidades gnósticas e seus impulsos até os nossos dias

Os "paulicianos" formavam um grupo gnóstico ativo no Império Romano do Oriente desde o século VII. Eles não reconheciam o culto à Maria, instituído pela Igreja, e se declaravam, a princípio, contra todas as hierarquias que exerciam seu poder para combater a iluminação interior. Até o fim do século XI, centenas de milhares de "paulicianos" foram mortos pela Igreja, assim como os maniqueus antes deles. Mas a Gnosis sobreviveu. Sua luz e sua força continuaram a irradiar, por exemplo, nas comunidades dos bogomilos, que em sua maior parte viviam na Bulgária.

A herança gnóstica dos séculos XII e XIII foi transmitida, em especial, aos cátaros, no sul da França. Eles formavam uma comunidade de orientação puramente gnóstica. Mas assim como aconteceu com os bogomilos, eles foram perseguidos e mortos pela Igreja Católica. Quem não pudesse ou não quisesse fugir era assassinado pelos assim chamados representantes ortodoxos dessa Igreja. No início da Idade Média, a Gnosis manifestou-se na ordem dos templários. E no início do século XVII, ela foi fortemente revivificada pelos rosa-cruzes, sendo Johann Valentin Andreæ o representante mais conhecido. Os rosa-cruzes do século XVII mantiveram algumas ligações com os francomaçons, que se reorganizaram no início de 1700. E o século XIX mostrou um novo impulso gnóstico com a fundação da Sociedade Teosófica, da qual a senhora Blavatsky e Annie Besant são as principais figuras. Rudolf Steiner e Max Heindel vieram em seguida e, em 1924, Jan van Rijckenborgh e seus colaboradores fundaram a Escola da Rosacruz Áurea.

Todos esses movimentos e agrupamentos testemunham o cristianismo interior. Eles descrevem o caminho de retorno a Deus, que foi aberto pelo Espírito de Cristo. Podemos considerá-los como esforços renovados para realizar o verdadeiro cristianismo de Jesus Cristo.

Impulsos gnósticos no interior da Igreja

Da mesma forma, no interior da Igreja, onde os dogmas e as hierarquias exerciam uma coação incessante e crescente e onde o ensinamento de Cristo degenerava cada vez mais, alguns grandes segundo o espírito impulsionaram sua exploração interior até a verdadeira luz. Mestre Eckhart, Tauler, Suso e Ruysbroek foram as figuras predominantes da espiritualidade nos séculos XIII e XIV. Mestre Eckhart fala "do fundo da alma, onde o homem deve procurar a centelha oculta e entrar em ligação com ela para elevar-se no Espírito". Assim, Eckhart retoma o ensinamento gnóstico da centelha-do-espírito no coração. Ele ensina que o nascimento de Deus se produz no interior da alma e não no exterior. Mais tarde, ele afirma que essa experiência pode ser vivenciada sem auxílio exterior e que um homem só, pelo seu trabalho pessoal, e com o auxílio do Espírito – quer dizer, voltando-se para Deus – pode realizar esse nascimento.

Para Eckhart, mesmo os sacramentos da Igreja são supérfluos. Por sua vez, a Igreja declarou algumas de suas proposições heréticas. Tauler e Suso, alunos de Eckhart, acentuaram em especial a paz interior que o homem deve esforçar-se para alcançar a fim de poder contemplar Deus. A paz representa, em especial para eles, "a reversão, o retorno a Deus", o abandono do eu sem nenhuma reserva. Os rosa-cruzes dizem que é preciso: morrer segundo a natureza. Os cátaros falavam de endura.

Para os místicos, a fé vivente representava um passo em direção ao conhecimento da vontade divina. Apesar da oposição da Igreja, Eckhart, Tauler e Suso ousaram revelar esse conhecimento, pois estavam tocados pelo Espírito de Deus. A profundidade e a integridade de seus ensinamentos satisfaziam muitas pessoas e acabavam por convencê-las. Elas se reuniam em comunidades leigas fora da Igreja, denominadas "Os amigos de Deus", e se comportavam todos como seres que seguiam, em silêncio, o caminho interior que Cristo lhes mostrava.

Na Holanda, Ruysbroek propagou o mesmo ensinamento sobre a união do homem com Deus. Ser somente um com Deus é a própria essência da mística. Eckhart exprime, como descrito abaixo, sua vivência interior, experiência que derruba todos os obstáculos:

"Um com o Um,
Um por Um,
Um no Um,
E no Um eternamente."

Jacob Boehme, um místico do século XVII, declarado herético, descreveu assim sua experiência, na qualidade de portador do Espírito vivente:

"Em mim, ninguém deve procurar o trabalho... Eu não falo de mim, mas do que o Espírito revela, a quem ninguém pode resistir. Pois isso repousa no Todo-Poderoso, independente de nossas suposições e vontades."

Boehme diz que o nascimento interior da divindade é a verdadeira vocação do homem. Ele reconhece que Deus não é esse personagem amável, inocente e bom, como é representado com frequência, mas que o amor e a cólera estão nele. A *cólera* de Deus nada é senão a ordem inabalável e a força do Espírito. Quando o ser humano rompe com essa harmonia e se volta contra ela, sente que essa mesma harmonia se opõe a ele numa espécie de cólera, assim como alguém que nada contra a maré sente que a água se opõe a ele. Cada um deve descer até o mais profundo de si mesmo, em seu próprio coração, para aí reconhecer o amor e a cólera, e, por uma luta interior, abrir o caminho até o amor. Para Boehme, o homem é um ser em transformação que evolui para o seu próprio aperfeiçoamento. Ele deve, por um lado, ser tomado de súbito pelo Espírito, e por outro lado, amadurecer a fim de que o processo de seu aperfeiçoamento se cumpra.

A tríplice assinatura do gnóstico

Após esses testemunhos, podemos nos perguntar o que os gnósticos tinham em comum. Por que eles suportavam perseguições e morte pelas suas convicções?

Um gnóstico sente Deus em si mesmo. Ele vê a verdade como experiência interior. Por isso o gnóstico vive na convicção que ele é "nascido de Deus". Isso significa que ele conhece sua origem, que ele sabe que o mais profundo do seu ser provém de um mundo divino e não do mundo terrestre transitório. Ele sabe também que o homem-deus não pode se unir ao homem terrestre decaído. Portanto, o segundo princípio do caminho gnóstico é: "Morrer em Jesus". Essa fórmula dos rosa-cruzes do século XVII se refere à morte consciente do instinto de conservação do homem terrestre.

Um verdadeiro gnóstico vê diante de si o caminho interior traçado de maneira clara. Ele está pronto para segui-lo, para realizar esse processo.

Ele sabe que ninguém pode morrer no seu lugar, que ele deve realizar essa morte por si mesmo. Não é a morte de Cristo na cruz que resgata, tal como ensina a Igreja, mas o fato de realizar essa morte em seu ser na imitação de Cristo, pois Cristo é o caminho. Trata-se da crucificação do homem natural no ser interior de cada um.

Quem é tocado pela Gnosis sabe que Cristo deve nascer, morrer e ressuscitar em cada ser humano, para dessa forma tornar-se semelhante a Cristo. Essa é a mensagem crística e a experiência do gnóstico vivenciada de forma profunda.

A Igreja espera a salvação do exterior e dessa maneira afasta os homens da verdade original de Cristo, ao passo que o gnóstico se esforça para percorrer o caminho interior que conduz à libertação. Um contraste maior é difícil de imaginar. Após a primeira fase, *nascer de Deus,* vem a segunda, *morrer em Jesus, o Senhor,* e depois, na terceira fase, advém a vitória: *renascer pelo Espírito Santo.*

Dessa forma, os gnósticos testemunham que são arrebatados pelo Espírito, e eles testemunham porque não podem nem querem fazer de outro modo. Não testemunhar seria um pecado contra o Espírito, por isso a morte e a perseguição não os assustaram. Eles executaram seu trabalho com toda quietude e firmeza, pois sabiam que o Espírito imortal encontrava-se ressuscitado em seu ser para anunciar a verdade vivente. Assim, eles eram testemunhas vivas do mundo divino, mesmo estando ainda no seu corpo terrestre.

Se a centelha gnóstica se acende num ser, ela pode tornar-se uma flama, e a flama, por sua vez, um fogo irradiante, que pode tocar todos os outros homens. O caminho gnóstico mostra o que é preciso fazer interiormente para "tornar-se Deus": nascer conscientemente de Deus, morrer conscientemente em Jesus, e renascer de forma consciente pelo Espírito Santo. A nova alma liga-se de forma consciente ao Espírito e diz: "Eu e meu Pai somos um".

Portanto, o gnóstico vivencia três fases da elevação no Espírito, segundo uma tríplice assinatura. Ele perde sua vida por Deus, reconhece o amor de Deus nessa neutralização de sua antiga vida, e assim une-se a ele. Deus é amor. Toda criação é impregnada pelo seu amor. É preciso, portanto, voltar-se para o amor de Deus. Por isso é dito no Evangelho de João:

"Por isto o Pai me ama, porque dou a minha vida para tornar a tomá-la. Ninguém ma tira de mim, mas eu de mim mesmo a dou; tenho poder para a dar, e poder para tornar a tomá-la. Este mandamento recebi de meu Pai" (Jo 10:17–18).

A fim de receber a luz universal, a fim de se manter na luz divina, é preciso "perder sua vida". Tal é o caminho da Gnosis.

6

A Gnosis como religião interior

Os homens sempre se desviaram
das "tábuas de pedra da lei",
para se deixarem guiar pela verdade
inscrita nas "tábuas de carne do coração".

Religião significa "ligar de novo", ligar-se de novo a Deus. Existem dois caminhos fundamentais, um exterior e outro interior, para religar-se a Deus; a religião exterior e a interior. A religião exterior dá a entender que os acontecimentos e fatos exteriores levam à salvação. A religião interior, ao contrário, pede que vivenciemos que tudo provém de Deus e pertence a Deus, como uma gota de água pertence ao oceano, como uma ideia provém do pensamento. A libertação é um caminho: o caminho da reconciliação com Deus, o caminho da união do ser verdadeiro com Deus.

Gnosis e cristianismo

Em sua origem, todas as religiões, o cristianismo inclusive, eram religiões interiores. Pois há apenas uma religião, pois há apenas um Deus, apenas uma verdade. Os fundadores de religiões vivenciam interiormente o divino. Eles renunciam no presente ao seu egocentrismo natural para dar lugar neles ao divino. Eles experimentam de modo consciente a reconciliação com o Pai, a união com o Espírito. Por isso Jesus disse: "Eu e o Pai somos um" (Jo 10:30). Não se trata aqui de uma identificação com um Deus-Pai exterior, mas da identidade do ser interior verdadeiro com a verdade, que é Deus.

Os fundadores da religião interior aplainaram o caminho da união com Deus para os seus adeptos. Nesse caminho, Jesus disse aos seus discípulos: *Sede meus seguidores.* Sua religião, e a de seus discípulos, consiste em vivenciar conscientemente o divino em si, e se comportar conforme suas prescrições. Portanto, essa religião é aquela do Conhecimento interior, a Gnosis, a verdadeira religião interior. Jesus é o protótipo do gnóstico; e a Gnosis, uma experiência consciente e o acesso à compreensão divina: Eu e o Pai somos um.

Separação entre religião interior e religião exterior

Tomando como exemplo o cristianismo, podemos compreender e mostrar como foi criada uma separação entre a religião interior e a exterior, entre a Gnosis e a Igreja. Suponde que um homem tocado pelas forças divinas no mais profundo de si mesmo e, reconhecendo o caminho que se apresenta a ele, feche eventualmente o caminho a todo egocentrismo em si, mas que aos poucos as tendências de sua vida antiga recomecem a surgir. Nesse caso, a experiência da verdade vivente se retira e já não lhe resta nada além da lembrança, com base na qual ele elabora uma ideia central compreensível: um dogma. Depois ele organiza sua vida segundo esse dogma.

O mesmo acontece em um grupo, como em um único indivíduo. Pessoas tocadas desde o nascimento pela verdade vivente, e tendo-a manifestado de maneira harmoniosa em sua vida, acabam fazendo dogmas caso seus interesses terrestres retomem o comando e, em seguida, fundam uma instituição baseada nesses dogmas. Todas as tendências egocêntricas humanas vão, neste caso, se exprimir outra vez no quadro dos dogmas e da instituição em questão: desejo de poder, de honrarias, de posses.

Esse processo, que pode sempre se desenvolver interiormente num indivíduo ou num grupo, surgiu e cresceu quase desde o início do cristianismo. O fundador, em quem a verdade vibrara com grande força e que irradiou esse amor, havia deixado o mundo terrestre. Em muitos de seus alunos, a verdade continuou a trabalhar de forma vivente e eles o exprimiram com fervor. Entretanto, muitos tinham ainda dificuldades interiores devido a seu interesse pela vida terrestre. Em medida crescente, esses interesses terrenos obtiveram o domínio e se expressaram nas posições e na administração da comunidade.

As pessoas que davam de maneira espontânea o exemplo de uma vida vivificada pela verdade tornaram-se perigosas para as que viviam baseadas na instituição e em seus dogmas. A "igreja" que então se formou, a religião do cristianismo exterior, chegou a já não compreender a religião interior e a impedi-la de se exprimir. Os organizadores dogmáticos marginalizaram aos poucos os que testemunhavam da verdade, e logo os excluíram e os combateram. Em sua incompreensão, eles os declararam heréticos e os perseguiram de forma violenta porque ameaçavam a fé no dogma e a "salvação" pelo dogma.

Cerca de 150 anos depois de Jesus Cristo, portanto algumas gerações mais tarde, uma clara separação surgiu na organização do cristianismo entre as religiões interior e exterior. A religião interior era qualificada de "Gnosis", enquanto que a exterior veio a ser a "Igreja", o "Cristianismo"; e logo entre elas não houve mais ligação alguma.

Pai, Filho e Espírito Santo

Essa cisão entre Igreja e Gnosis explica todos os julgamentos que persistiram até hoje sobre a Gnosis. O que é interior abrange o que é exterior porque ele o interpenetra, entretanto, o inverso não é verdadeiro.

Por exemplo, como pode, alguém que se prende apenas ao aspecto exterior e para quem o "Pai dos homens" e do mundo é um Deus exterior poderoso, compreender o que um gnóstico vivencia sob o nome de Deus, na qualidade de "Pai"? Para aqueles que seguem os dogmas, Deus, o Pai, reúne em si todas as qualidades de um pai terrestre. Pode-se achegar a ele como uma criança se achega ao seu pai. Mas para aquele em quem a verdade vive de forma consciente, o "Pai" é o fundamento original dessa verdade na qual o ser espiritual do homem se imerge; e este só pode ir ao seu encontro se *descalçar seus sapatos*, como Moisés diante da sarça ardente (Ex 3:5), isto é, se ele se desligou de todos os seus laços e interesses pessoais terrestres. Ele não se achega diante do Pai como pessoa: a sarça ardente representa sua consciência inflamada pela verdade, que lhe fala.

Na religião interior, o "Filho" já não é um homem de Deus que se sacrifica na cruz para livrar os humanos, mas uma força que desce no ser interior para oferecer-lhe a possibilidade de renunciar, em nome da verdade, a tudo o que é terrestre. A verdade que se oferece ao ser humano age nele, dando-lhe os meios de se libertar de todos os laços terrestres. Jesus é o homem que cumpriu esse processo de libertação na força de Cristo, na força da verdade que se oferece. Todo homem que segue essas pegadas cumpre o mesmo que ele. E assim, como Jesus, ele contribui para a libertação de outro. Porque a verdade que ele possui, que despertou nele, ele pode da mesma forma despertar em outros.

O Espírito Santo, enfim, representa a atividade da verdade, tanto num indivíduo como num grupo. A força da verdade que se manifesta religa os seres em uma comunidade que não se baseia em características e interesses pessoais. E o que essa comunidade exprime em seus escritos, suas obras de arte, etc dá testemunho da força da verdade vivente.

Fé, esperança, amor

O caminho da Gnosis é o caminho da fé, da compreensão confiante e do amor. Para a religião exterior, a fé é a aceitação do dogma. Ela pode também emanar uma grande força, pois dá a segurança da certeza. Mas é uma certeza exterior que não se baseia em nenhuma experiência interior. Para a religião interior, ao contrário, a fé é a forma pela qual se conhece primeiro a verdade, que outrora se encontrava adormecida. Ainda que o buscador não esteja consciente da verdade, ela cria nele a possibilidade de novas experiências, sendo ela o motor subjacente.

É a fé que abre as portas, derruba as barreiras e move as montanhas. Essa força permite a mudança do ser antigo a tal ponto que a verdade consegue circular nele e ele acaba vivenciando sua ação. Ele torna-se consciente, ele reconhece a Gnosis, o Conhecimento. O verdadeiro ser desperta, enquanto que o ser ilusório se apaga de modo consciente. Assim se realiza nele, com toda lucidez, a morte e a ressurreição de Jesus. Ele não acredita no fato histórico da vida de Jesus, nem que ele ressuscitará, como Jesus, "no Juízo Final". Não, ele vivencia a ressurreição em si mesmo, já antes de sua morte física. A religião exterior se contenta com a fé. Ora, no caminho interior, a fé é só um início. Ela conduz ao conhecimento. Nos Evangelhos, por exemplo, o conhecimento do Espírito é uma etapa essencial do processo de libertação dos discípulos de Jesus.

Pensai na cena onde Pedro reconhece Jesus como o Cristo, o portador da verdade. As Epístolas de Paulo oferecem também numerosas citações sobre o conhecimento da verdade. Na Epístola aos Colossenses (1:9-10), por exemplo, Paulo diz: "Nós não cessamos de orar a Deus por vós e de pedir que sejais preenchidos do conhecimento de sua vontade, em sabedoria e inteligência espiritual, para andar de maneira digna do Senhor e lhe ser inteiramente agradáveis, produzindo frutos em todas as boas obras e crescendo pelo conhecimento de Deus". Paulo também era um gnóstico, portanto versado na religião interior.

A consciência da verdade é seguida pela atividade da verdade: o amor. A partir desse momento qualquer um, como Jesus, pode utilizar as forças da verdade vivente em si para despertar em seu próximo a fé na verdade a fim de permitir que encontre o caminho da libertação. É apenas sobre esse caminho que as imperfeições desaparecem, que as doenças são curadas e que até a morte é vencida.

Esse não é o amor que o homem comum é capaz de manifestar para o mundo e a humanidade num elã admirável. É uma nova força divina que apenas age quando todos os impulsos naturais são apaziguados. O amor comum do próximo nada mais é do que uma sombra, um fraco reflexo do amor divino, nascido de Deus.

É o que confirma nas suas Epístolas, João, o Evangelista, também um gnóstico, que diz por exemplo: "Bem amados, amemos uns aos outros; pois o amor é de Deus, e aquele que ama é nascido de Deus e conhece Deus. Aquele que não ama não conheceu Deus, pois Deus é amor" (1 Jo 4:7–8).

Supressão da separação

Portanto, será que deve sempre haver separação entre a religião interior e a religião exterior? E os representantes desta última combaterem e perseguirem como heréticos aqueles da primeira? Isso não deveria acontecer. Seria suficiente que os representantes dessas duas tendências levassem a sério a palavra do Evangelho de João: "A verdade vos libertará". Pois a verdade libera e deixa livre. Quem vivencia a verdade dentro de si não força ninguém a crer em dogmas, mas tem uma fé indestrutível no poder da verdade, ele tem confiança que a fé triunfará sobre todos os enganos, sem perseguição e sem luta. Por essa razão, ele não declarará que algumas formas religiosas são o único caminho seguro da libertação, e nem excluirá a possibilidade de outras formas.

Sempre existiram homens que se desviaram das "tábuas de pedra da lei" para deixar-se guiar pela verdade inscrita nas "tábuas de carne do coração", porque essa verdade fala ao mais profundo deles mesmos. Se as autoridades da religião exterior quisessem limitá-los à fé dos dogmas, as tábuas de pedra da lei lhes mostrariam o bom caminho para chegar à libertação? A verdade liberta! E ela acabará por tornar compreensível àqueles que estão ainda na religião exterior que o verdadeiro caminho da libertação é o caminho da religião interior, que os aguarda. E os que decidem viver diretamente da verdade serão guiados pela verdade até a união com o Espírito, o Pai da verdade.

7

A Gnosis como revolução da alma

"Tende um pouco de repouso!"
Proposta revolucionária para
nossa época de crise,
para nossa época tão agitada.

Quando acadêmicos, com certa exatidão, dão ao conceito "Gnosis" o significado de revolução, eles têm razão se considerarmos uma revolução como uma mudança do próprio ser. Porém a palavra Gnosis perde seu significado quando, em seu nome, indivíduos se reúnem numa comunidade revolucionária engajada dentro da sociedade. Podemos afirmar que grupos gnósticos jamais combateram os que não pensassem como eles.

"Gnosis é compreensão.
Gnosis é conhecimento do porquê,
do quando, do como.
Gnosis é visão da origem do indivíduo,
de sua vida e de seu fim.
Gnosis é ouvir as palavras de outros,
prestar atenção às reações que essas palavras

provocam em si, e tomar decisão.
Gnosis é perceber a separação, perceber a si mesmo e tomar decisão.
Gnosis é um acontecimento muito individual.
Gnosis é a consciência de uma força
e de um espaço individualizados,
e a consciência de quem vive e trabalha
pessoalmente para isso.
Gnosis é a visão do movimento
e da instabilidade de todas as coisas.
A busca pela Gnosis faz passar
por um processo de contra-movimento.
A descoberta da Gnosis acontece
no momento do 'abandonar tudo'."[23]

Alguns grupos gnósticos praticam ritos sacramentais, outros não; outros ainda formam escolas cujo programa abrange teosofia, cosmologia ou antroposofia. Assim, os candidatos podem saber onde se encontram, baseados em seu conhecimento interior de Deus. Eles puderam e podem dizer:

"Se estou diante da porta, do outro lado da ponte,
para além do homem, para além de mim mesmo,
perguntarás: Ultrapassaste o país em ti?
Atravessaste a ponte em ti?
Ultrapassaste o homem em ti?
Ultrapassaste a ti mesmo?

[23]Keyser, Emiel de, *Als gij en mij als eenling staan* (Quando tu e eu formos apenas um).

Responderei então: Isso foi ultrapassado?
A mentira é impossível
porque te verias em mim;
e o que não visses de ti em mim,
eu o sentiria: isso não seria ultrapassado.

Então, reenvia-me, pela ponte,
ao país, aos homens, a mim mesmo,
para aí fazer desaparecer
o que não foi ultrapassado,
o que não conheces em ti.

E quando, atravessando a ponte, eu voltar
do país dos homens comigo mesmo,
então saberei que já nada resta
que te impeça de seres tu mesmo em mim."[23]

A Gnosis protegeu e protege o ser humano do que já não tem vida. Podemos considerar como um sinal o fato de falarmos muito sobre Gnosis neste tempo de crise. Disserta-se e prega-se hoje a tal ponto que as palavras de Jesus, citadas em Marcos, nos tocam de modo direto o coração:

"Voltaram os apóstolos à presença de Jesus e lhe relataram tudo quanto haviam feito e ensinado. E ele lhes disse: Vinde repousar um pouco, à parte, num lugar deserto; porque eles não tinham tempo nem para comer, visto serem numerosos os que iam e vinham."[24]

---

[24]Marcos 6:30–31.

"Tende um pouco de repouso!" Proposta revolucionária em nossa época de crise, em nossa época tão agitada! "Tende um pouco de paz!"

Gnosis é revolução do ser interior. Podemos vivenciar essa revolução de maneira individual, ou de maneira intensa em um grupo. Revolução também quer dizer estratégia. Sem estrategistas não há estratégia. Uma comunidade gnóstica funciona com indivíduos revolucionários por si mesmos, que sabem que são levados pela sua comunidade, e acompanhados por um "mestre" que conhece o caminho da revolução por sua experiência e seu conhecimento.

Um objetivo importante da vida gnóstica é o "repouso", a paz, a fim de que o homem que o deseja reencontre a si mesmo. Para essa finalidade, ele precisa de repouso após a agitação, após as preocupações, após todos os conflitos interiores. Eis um exemplo extraído do Evangelho de Tomé (Logion 60):

"Um samaritano, carregando um cordeiro, chegou à Judeia. Ele [Jesus] perguntou a seus discípulos: 'O que ele fará com o cordeiro?' Disseram-lhe: 'Irá matá-lo e comê-lo.' Ele lhes disse: 'Enquanto estiver vivo, não o comerá, mas apenas se o matar e transformar num cadáver.' Eles disseram: 'Ele não pode agir de outra forma.' Ele lhes respondeu: 'Procurai também para vós um lugar para ficar em repouso, para que não vos torneis cadáveres e vos comam'."

Repouso, símbolo do divino

A esfera divina, a divindade, existe por si mesma, imutável, e não conhece nenhuma variação, por isso falamos dela como um reino de repouso. Unidade, repouso, imutabilidade, silêncio como estados originais do reino da luz. O Pai da Luz é repouso, paz. Em *O livro secreto de João,* é dito do Pai da Luz: "Seu éon é imperecível. Ele repousa em silêncio".

A paz, símbolo do Salvador e de sua mensagem

O Salvador e sua mensagem se identificam com a paz. A mensagem e sua finalidade são exatamente correspondentes. O repouso, a paz, está lá. Podemos encontrar a paz e descrevê-la. O meio para isso é conhecido, é permanecer sem medo.

"Se chegar o fim dos tempos, se já não houver nem casa, nem o sistema, nem o espaço protetor, nem o grupo; se tu e eu estivermos, sozinhos, sem luz, num lugar onde a noite cai; e se tu e eu estivermos diante de um homem; e se não lhe falarmos da casa que existia, da luz que poderia estar lá, do espaço que havia lá, do grupo animado e protetor que se encontrava lá, mas lhe dermos o dom de não ter medo, faremos que ele já não procure de novo nada de tudo isso."[23]

Repouso, símbolo do conhecimento

A aceitação da palavra libertadora faz do homem alguém que sabe, e quem sabe se torna consciente da possibilidade de encontrar o repouso em si mesmo.

"O evangelho da verdade é regozijo para quem recebeu do Pai da verdade a graça de conhecê-lo pela força do Verbo."

Na "Ode de Salomão" ressoa a prece do gnóstico: "Que teu repouso, Senhor, possa habitar em mim, assim como o fruto de teu amor".

O Salvador disse a seus discípulos:

"Chegou o tempo de deixar vosso trabalho e repousar. Quem está em repouso permanecerá sempre em repouso."[25]

A característica fundamental da Gnosis é repouso. A qualidade visível de quem recebe a Gnosis, isto é, quem vive da Gnosis pela compreensão, é repouso. É o repouso que testemunha que ele vive da compreensão. O uso dessa chave abre todos os testamentos, os escritos e os evangelhos que nos foram legados.

Para a execução de um testamento faz-se necessária sua abertura. É possível aceitar ou recusar um testamento. Os escritos gnósticos são testamentos, um reflexo da atividade das palavras sobre os homens. Em certa medida, é correto presumir que algo não existe a não ser que tenha sido uma vez nomeado e qualificado. O repouso é uma palavra que designa um estado de ser que apenas

[25]Emmel, S. *The Dialogue of the Savior* (O diálogo do Salvador), manuscrito da Biblioteca de Nag-Hammadi.

alcançamos após ter esclarecido a "história" da sua existência tal como a vivenciamos. Em geral, é uma história complexa. Muitos textos gnósticos são textos complexos.

Seguir a senda gnóstica, fazer a peregrinação gnóstica, eventualmente através dos testamentos, através das histórias dos outros, é elucidar sua própria complexidade. Os textos gnósticos funcionam como espelhos. Um espelho não mostra nada a não ser quando nos colocamos diante dele. Um texto gnóstico não nos diz nada a não ser que nos coloquemos diante dele de modo pleno.

É por isso que a ciência não pode abrir esses textos enquanto ela mesma não se abrir para eles. Dizendo de outra forma: apenas abre um texto gnóstico quem procura em si mesmo a essência e o objetivo do texto, perguntando-se qual é o objetivo de sua própria vida. Essa essência é repouso, é paz interior!

A Gnosis aparece nos dias de hoje para proteger o que se perde, para proteger o direito de nascer dos homens, o direito à felicidade. Buda explica: "Buda, Bhodi, significa discernimento, sabedoria, compreensão profunda."

"Cada ser humano quer viver feliz, e a felicidade é um direito de nascimento. Contudo, para alcançar a felicidade a que temos direito, é preciso passar pelo processo de purificação descrito por Buda:

1. rejeitar os pensamentos prejudiciais que temos;
2. eliminar os pensamentos prejudiciais que chegam a nós;
3. manter os pensamentos salutares que temos, colocando-os em prática todos os dias;
4. desenvolver os pensamentos salutares que ainda não chegaram até nós."[26]

Repouso, meta final da peregrinação
No Evangelho de Tomé (Logion 50) está escrito:

"Jesus disse:
Se vos perguntarem de onde viestes,
respondei: 'Viemos da luz,
do lugar onde a luz veio a ser por si mesma,
onde ela estava e manifestou sua imagem.'
Se vos perguntarem quem sois,
dizei isto: 'Somos seus filhos
e somos os escolhidos do Pai vivo'.
Se vos perguntarem qual é o sinal
de vosso Pai que está em vós
respondei que ele é ao mesmo tempo
movimento e repouso."

A felicidade é um direito de nascimento. A condição é o repouso. O caminho, o meio para isso, é o discernimento. Tudo isso pode ser indicado como Gnosis. Esse espelho também existe agora. Para sentir sua atividade, é preciso que os homens

[26]Dhammananda, K. Sri. *Hoe te leven zonder angst en zorgen* (Como viver sem medo e sem preocupação).

desta época demonstrem sua atualidade, assim a Gnosis se tornará força ativa no homem de hoje.

Citemos mais uma vez o Evangelho de Tomé (Logion 91):

"Eles lhe disseram:
Dize-nos quem és para acreditarmos em ti.
Ele lhes respondeu:
Vós avaliais o semblante do céu e da terra,
e não reconhecestes aquele
que está diante de vós;
não sabeis avaliar este momento?"

8

A Gnosis como fundamento do novo homem

O homem inflamado
pelo Espírito de Deus.

O homem terrestre dispõe de um corpo físico, de um corpo etérico, de um corpo astral e de um corpo mental, que constituem sua personalidade. Mas essa personalidade terrestre foi criada com uma única finalidade. Na base de seu desenvolvimento milenar existe um plano: o plano de retorno ao estado de homem perfeito.

Na verdade, quando o homem, após numerosas experiências da vida, descobre que suas aspirações humanitárias, religiosas, artísticas ou científicas não deram qualquer resultado libertador, ele sente os limites que o espaço-tempo lhe impõe. Nesse momento ele concebe o grande desejo de escapar desta prisão, porque tem a intuição de existir em algum lugar a possibilidade de tornar-se um homem superior num mundo perfeito. Nesse instante ele está maduro para a primeira ação da Gnosis, que tentará despertar o princípio de luz adormecido em seu coração, princípio denominado rosa-do-coração ou átomo-centelha-do-espírito na Escola Espiritual da Rosacruz Áurea. Se esse princípio começa a reagir sob o impulso da força gnóstica, esse homem torna-se um buscador da verdade, isto é, um homem que vai justamente lançar-se à descoberta do plano de retorno ao estado de homem perfeito. Diz-se, então, que ele foi inflamado pelo Espírito de Deus. Ele reconhece ser apenas parte de um microcosmo, um reflexo do Universo, e que é esse microcosmo que tem a possibilidade de retornar ao domínio da vida original.

O plano do Logos

O plano do Logos prevê que o microcosmo e a personalidade devem fundir-se de acordo com o processo alquímico que a Escola da Rosacruz Áurea denomina *transfiguração.* Ela fala sobre isso de forma detalhada, pois o transfigurismo é um dos pilares do ensinamento gnóstico da libertação. Depois de uma série de desenvolvimentos, o homem assim renovado adquire propriedades e poderes que transcendem de longe as possibilidades de sua personalidade terrestre, mas que não devem ser confundidos com as capacidades adquiridas por certos métodos ocultistas.

O novo estado de vida e de consciência apenas é realizável seguindo-se o caminho da libertação interior. Não se trata de qualquer poder da personalidade terrestre, nem das práticas ocultistas que abrem o caminho; ele apenas é acessível pela rosa-do-coração, último vestígio da vida divina que o ser humano possui em si. Para isso, é necessária uma tríplice atividade da Gnosis: três influências magnéticas divinas tocam o candidato aos mistérios, três forças designadas como Pai, Filho e Espírito Santo, que o encaminham ao autoconhecimento, ao reconhecimento de Deus e, enfim, à transfiguração.

A força da fé

Se o aluno, que se encontra no caminho do autoconhecimento, toma a decisão interior de se purificar de toda impiedade e impureza, o que não pode ser feito sem o auxílio da força gnóstica, se ele leva a sério esse combate e prossegue com assiduidade, o raio de ação do átomo-centelha-do-espírito se amplia. No santuário do coração nasce, então, um novo poder, um poder não terrestre. Trata-se da verdadeira fé, um poder de força e de luz que possibilita *remover montanhas.*

Essa força da fé é vivida de forma consciente. Ela purifica o sangue e dissolve o carma. Por isso é dito na Escritura Sagrada: "A tua fé te salvou" e "A tua fé te libertou de teus pecados". Essa fé nada tem a ver, é claro, com a fé imposta pelos dogmas ou inspirada pelas narrativas históricas. É o efeito da corrente de graça que se libera quando, pelo justo comportamento, é feito suficiente emprego dessa força de cura. O candidato experimenta assim o segundo toque divino. Ele deve agora morrer na força-Jesus.

Morrer em Jesus

A segunda ação divina provoca uma série de mudanças na personalidade terrestre. O candidato deve viver segundo as exigências de um campo de vida interior *que não é deste mundo.* Se ele conseguir isso, o sistema cerebrospinal se abre no momento propício para receber as forças da luz gnóstica. O coração se eleva. Uma nova respiração se desenvolve. A circulação do sangue se modifica, e também a ação dos órgãos de secreção interna, que, por sua vez, influenciam o sangue. O aluno torna-se consciente de novas possibilidades.

A nova respiração permite ao sangue assimilar as forças etéricas de uma vibração superior, que começarão a ocasionar uma mudança das células cerebrais. O candidato se torna cada vez mais receptivo aos quatro alimentos santos. Esse processo nada tem de místico. Pelo segundo toque divino é estabelecida uma ligação física com uma força à qual o candidato se submete de maneira progressiva e deve abandonar-se por completo mediante um comportamento inteligente. Como consequência, ele está a caminho das núpcias alquímicas de Cristiano Rosa-Cruz. *Ele se torna silencioso diante de Deus,* canta o salmista. O eu, a consciência terrestre, renuncia a seus desejos naturais: a Rosa-Cruz diz que ele se aniquilou em Jesus, o Senhor.

A ação do segundo toque gnóstico começa na cabeça, onde se encontram órgãos como a hipófise, a pineal e o córtex cerebral, em geral danificados pelo mau uso do intelecto, e que devem ser purificados e renovados para participar do processo gnóstico da santificação. Em seguida, todos os outros órgãos da personalidade são tocados. Por conseguinte, os doze pares de nervos cranianos radiam para o corpo inteiro. Assim, as novas atividades etéricas agem sobre o sangue, o fluido nervoso e a consciência; depois todo o organismo é liberto de forma progressiva do domínio da natureza dialética.

É apenas após essa preparação que o terceiro toque gnóstico se torna possível; disso resulta a transfiguração ou as núpcias alquímicas. O Espírito Santo destrói tudo o que é velho e depois constrói os novos poderes divinos.

Os sete poderes do Espírito Santo

O homem original possui uma série de poderes que emanam das propriedades fundamentais do mundo divino. Para que o homem terrestre adquira essas propriedades é preciso que ultrapasse os limites da natureza terrestre dialética e repare os estragos infligidos por ela. Os toques da primeira e da segunda forças divinas propiciam-lhe essa possibilidade.

Descrever esses poderes, ou propriedades, pode provocar confusão entre os poderes do homem original e os do homem simplesmente cultivado ou ocultista. Os poderes deste último, qualquer que seja seu refinamento, estão sempre voltados apenas para a autoconservação, a cultura da personalidade e o desenvolvimento do eu.

O primeiro poder do verdadeiro homem é o amor divino: o poder superior é sempre o amor ou a luz de Deus. Por isso é dito que o ser humano caminhará um dia na luz como Deus mesmo está na luz.

O segundo poder é a sabedoria. A compreensão purificada pode ter um vislumbre dessa sabedoria, pois o intelecto comum, centralizado no eu, é aqui inapto e incapaz.

O terceiro poder é a vontade, o sumo sacerdote no templo do homem. A vontade, guiada pelo amor e pela sabedoria, executa apenas a vontade de Deus.

O quarto poder é a força do poder mental. Vivificadas pelo amor, pela sabedoria e pela nova vontade, as novas ideias nascidas do Espírito manifestam-se mentalmente até em seus mínimos detalhes. É evidente que essa estrutura mental deve ser provida de força vital.

É por isso que, em quinto lugar, existe um poder de energia dinâmica. Essa energia se harmoniza com o princípio vital geral. A antiga filosofia fala a esse respeito da força cundalini-*shakti*.

O sexto poder é a manifestação da forma. Trata-se aqui de pronunciar o Verbo criador, mediante o qual as imagens carregadas de força vital se realizam na matéria.

O sétimo poder agrupa os outros seis. Os seis primeiros poderes, ou propriedades, contêm as seis forças essenciais, e estas irradiam no sétimo poder. Assim sendo, torna-se possível utilizar de uma única forma justa, a serviço do grande plano da criação universal, tudo o que as seis primeiras propriedades realizam. Em relação a essas propriedades que se desenvolvem de forma progressiva, o ser humano possui sete focos, conhecidos como os sete chacras. Esses sete centros fundamentais encontram-se degenerados no homem terrestre decaído. O sistema dos chacras ocupa uma posição central no processo de santificação, pois é apenas pelo restabelecimento das funções originais dos sete chacras que é possível aplicar outra vez os sete poderes que acabamos de mencionar.

Inversão da rotação dos chacras

Por meio de certas práticas de ioga e métodos ocultos, é possível ativar mais ou menos seis desses sete poderes. O resultado é que os chacras girarão com maior rapidez, mas sempre no sentido habitual, com uma radiação aumentada das forças da natureza e um reforçar dos laços com o mundo decaído. As propriedades e os poderes que assim nascem têm um raio de ação que não ultrapassa a vida terrestre neste mundo e no Além, o que acarreta sempre uma cristalização e uma ligação mais estreita com o zodíaco dialético. Assim, compreendeis que apenas por meio da ruptura e da reestruturação total de nossa forma terrestre é possível alcançar a finalidade: a reconstrução do verdadeiro homem. Portanto, não é devido à cultura ou à divisão da personalidade, mas apenas pela transfiguração que os novos poderes se manifestam e o homem divino cresce no microcosmo. O buscador orientado para a Gnosis recebe as forças reconstituintes do Espírito Santo, as quais param de forma progressiva a rotação dos chacras, que passam, em seguida, a girar em sentido inverso. É assim que o buscador entra em ligação com as forças da natureza divina e desenvolve outros poderes no caminho da libertação.

Os sete poderes do novo homem se manifestam nas sete cavidades cerebrais, designadas como a rosa sétupla. Elas recebem as forças curadoras do Espírito Santo, forças que triunfam sobre o antigo sistema vital. Assim que o sétuplo fogo do Espírito Santo brilhar nas sete cavidades cerebrais, nelas reinarão as sete harmonias: o cântico do amor, o cântico da sabedoria, o cântico da vontade superior, o cântico da força, da razão, da energia dinâmica e, para terminar, o cântico da força unificadora que reúne os seis cânticos precedentes numa perfeita unidade dos sete poderes.

H. P. Blavatsky disse, em *A voz do silêncio,* que o homem não pode colocar os pés sobre o caminho superior da escada dos sons místicos a não ser que ouça a voz de seu Deus interior de forma sétupla. E o sétimo som reúne os outros seis. As seis atividades se fundem no sétimo poder.

Com esses sete poderes o acesso ao microcosmo sétuplo se torna possível, e as sete portas eternas podem ser abertas. O círculo dos sete novos poderes no homem perfeito se fechou.

O homem terrestre, servidor da alma
Assim, os antigos poderes do homem terrestre agora podem ser renovados a fim de servir as forças e os poderes renovados do microcosmo. A compreensão ficou livre da influência do ser aural e pode ser iluminada pelo corpo mental superior, a nova consciência. Assim purificada e saneada, a compreensão é capaz de assimilar e integrar da única maneira possível a radiação do novo poder mental, que funciona como nova consciência. O corpo astral se abre também às influências gnósticas, suscitando uma nova respiração. Todos os átomos do sistema humano são então carregados de novas forças-luzes, o que dá nascimento a novas percepções. O corpo etérico deve reagir a isso a fim de ser iluminado pela luz do microcosmo. Disso resulta que os átomos do corpo material também mudam sob a ação dessas novas radiações.

O aluno dispõe, então, de uma nova mentalidade, de novos sentimentos, de um novo eu e de uma consciência nova por inteiro. Essas novas propriedades dominam também os novos éteres, os quatro alimentos santos, que elas atraem, reúnem e distribuem. Apoiando-se nos sete novos poderes, o homem gnóstico está pronto para utilizar os quatro éteres divinos tríplices, ou, como diz a Bíblia, *comer os doze pães da proposição.* Esse novo homem dispõe então de uma personalidade quádrupla toda nova, edificada pela nova alma. No firmamento aural acontecem também grandes mudanças. Nele aparecem doze estrelas novas, ou centros de força, que integram as novas forças etéricas. São as forças dos "doze salvadores do tesouro da luz".

Pescador de almas humanas

Em razão desses novos poderes, o aluno é agora qualificado de "mestre da pedra". Ele utiliza seus poderes não apenas para seguir o processo até a vitória, mas sobretudo para auxiliar, por sua vez, o homem buscador. Tornando-se "pescador" de almas humanas, segundo a expressão do Novo Testamento, ele lança sua rede à direita. Essa rede é sua aura ou campo de respiração, que tanto atrai como repele. O novo homem poderá apanhar em sua rede tudo o que se harmoniza com seus novos poderes e repelirá tudo o que não se harmoniza com eles. E sua "pesca" será abençoada pela força do Espírito Santo.

9

A FORÇA DE AÇÃO DA GNOSIS NO MUNDO

O buscador, com o coração doente,
deve confiar-se a uma instância
superior que ele experimenta
e aceita como tal.

A Gnosis e a natureza dialética não pertencem à mesma ordem e são dois campos de vida distintos um do outro. A Gnosis é o Logos, a fonte de toda a vida. Ela se manifesta no Espírito e pelo Espírito, em amor, luz, a força que tudo engloba, e a sabedoria universal. O oposto desta manifestação divina original é o mundo imperfeito das forças contrárias, do intelecto limitado e do amor seletivo: é o mundo da ilusão.

O campo de vida original da humanidade e o campo de vida perecível em que ela habita neste momento existem de modo simultâneo, mas suas propriedades os separam. A Gnosis é o absoluto e a perfeição não ligados ao tempo e ao espaço. O mundo terrestre é relativo, contraditório, imperfeito e ligado ao espaço e tempo.

Quem não faz a distinção entre esses dois mundos é presa fácil de mistificações, como acreditar que o que chamamos de "Além" é o céu. O que nos meios religiosos é denominado "Além", o "outro lado do véu", o "céu" etc., não passa do correspondente simétrico sutil do mundo material. Aí também reinam alegria e dor, recompensa e punição, céu e inferno. Agora que a moda é fazer "viagens astrais" às regiões sutis, surgem muitos testemunhos a esse respeito.

A história da humanidade mostra que o campo da Gnosis está sempre tocando o campo da natureza dialética, onde surgem de forma clara o absoluto e o relativo, o eterno e o temporal, o perfeito e o imperfeito. Como ligar dois polos tão incompatíveis?

Em física é dito que um campo provém de uma fonte particular com propriedades específicas. O campo da Gnosis também provém de uma fonte: ele é a manifestação das propriedades desta fonte. É por esta razão que não podemos conceber nem imaginar um tipo de campo como este, pois a fonte precede o campo e não o inverso.

O contato entre dois campos incompatíveis

Ao verificar todos os impulsos gnósticos relatados na história da humanidade, perguntamos o seguinte: "Por que a Gnosis se aproxima e sempre está tocando o mundo mortal? Em nossa época está acontecendo um contato deste tipo?" A resposta à primeira pergunta é a seguinte: porque o

Criador não quer que sua criatura corra o risco de perder-se. Ora, esta criatura, o homem, encontra-se na atualidade dotado de uma consciência que foi formada por interação com a natureza mortal. Esta criatura encontra-se em total contradição, imperfeição, instabilidade. Entretanto, o ser humano também possui um princípio independente dessa consciência terrestre, um núcleo espiritual que emana do campo da Gnosis e é em seu fundamento estranho ao mundo perecível: é um princípio espiritual que está sempre impulsionando o ser humano a voltar ao campo original. A presença deste princípio não garante, entretanto, que seja possível vivenciá-lo de modo consciente. É por isso que a Gnosis toca todos os homens no coração e envia mensageiros para formar uma ponte temporária entre o campo gnóstico e o mundo decaído, a fim de estabelecer, se possível, uma ligação entre eles. Esta ponte constitui um campo intermediário que permite a interação de um com o outro. Graças a esta ponte, a Fraternidade Universal pode socorrer a humanidade que está sem rumo. Esta operação de "salvação" já aconteceu um número incalculável de vezes, e ainda é o que acontece hoje. Portanto, formou-se um campo seguro e nutridor, que se estendeu sobre o mundo; e a força libertadora que dele emana toca inúmeros buscadores no coração e os atrai de maneira irresistível.

Semelhante atrai semelhante

Qualquer que seja a intensidade de sua fonte, um campo magnético apenas atrai o que é afim com suas propriedades. Assim, um ímã atrai apenas o ferro, e a Gnosis apenas atrai o que lhe é afim. Portanto, a semente espiritual do coração é atraída pelo campo da Gnosis, do qual provém. O homem dialético, porém, não pode ser atraído pelas forças gnósticas. Isso nada tem a ver com falta de amor; trata-se da ação de uma lei universal: semelhante atrai semelhante. Esta lei garante a ligação entre Deus e o princípio de luz no homem, onde quer que este se encontre.

Por um lado, o ser humano participa do campo terrestre, e por outro, a semente espiritual dentro dele o religa ao campo da Gnosis, o que faz que ele se encontre frequentemente em conflito. Na agitação deste mundo, a tentação e o engano são muito grandes, e a escolha nem sempre é fácil. Por isso, é preciso que um campo puramente gnóstico traga seu auxílio para operar a ligação com a Fonte da Vida. Quem reconhece esse campo e prova dessa fonte está pronto para fazer sua escolha e, em seguida, ser socorrido.

Quanto mais intensa a fonte, mais forte é o campo
Na fonte se concentram todas as forças. Quanto mais intensa for a fonte, mais forte será a ação. Quanto mais intensa for a fonte de um campo gnóstico, mais fortes serão suas atividades e o auxílio oferecido. Como o campo da natureza e o campo da Gnosis são distintos por completo, a Gnosis não fala ao homem natural, mas ao homem espiritual que ainda está adormecido dentro do coração. É por isso que um campo gnóstico

não gera nenhuma força natural, mas libera a força que sai da semente espiritual no homem. Enquanto isso, é bem possível que ele tome consciência da existência de um campo gnóstico, mas com a condição de que ele aí penetre sem nenhum preconceito e com intenso desejo, para descobrir e perceber a fonte deste campo. "Sem preconceito", é evidente, não significa "sem reflexão" e sem exame pessoal, mas implica uma reflexão e um exame independentes de critérios convencionais, com o coração aberto e receptivo.

Uma profunda transformação e renovação

Quando a Gnosis vai ao encontro de um ser humano, desenvolvem-se ideias e influxos que transformam de forma radical a vida comum desse ser. Por suas próprias experiências, o buscador já atingiu o ponto de compreender a necessidade de uma transformação como esta e a aceita de todo o coração. Assim, ele começa a seguir o caminho de libertação, e é a verdade que o guia na senda da luz, por um processo de transformação e de regeneração fundamentais, capaz de libertar a alma imortal. O exemplo que se segue sem dúvida esclarecerá esse processo: um ímã é envolvido por um campo magnético; em seu interior se encontra um fio de cobre isolado, formando uma curva; ele se mantém imóvel. Nesse fio não circula nenhuma corrente e nada acontece. Mas, se mexermos nele uma corrente é induzida e aí se manifesta, produzindo seu próprio campo magnético em interação com o campo-mãe. O movimento do fio gera um movimento dentro do fio. Essa imagem mostra a ação de um campo eletromagnético em geral e do campo gnóstico em particular: o que penetra este campo sem dele tomar parte não se transforma. Quem aí penetra e participa de seu movimento sofre transformação. Não há interação entre um ser inativo e o campo que o contém. O ser nem sequer percebe o campo. Mas, se o ser começa a agir e seu movimento se sintoniza com a força, ele passa a participar dessa nova vida. Comportar-se em conformidade com a Gnosis significa libertar-se das exigências da antiga natureza e dar prioridade à vida gnóstica. Pensamento, sentimento e ação orientam-se sem nenhum constrangimento rumo ao objetivo gnóstico.

É assim que o chamado da Gnosis ecoa no mundo. É um grande privilégio, em nossa época, poder falar da Gnosis, mas em especial de receber sua força para a renovação da vida. A eternidade desceu no tempo. Passo a passo o aluno sério pode aproximar-se dela e aí adentrar. Pela porta aberta do campo intermediário de uma escola espiritual, o toque da Gnosis torna-se uma experiência vivida. O amor divino conduz o candidato à compreensão e, caso ele reaja de maneira correta, conduz também a uma transformação fundamental.

A verdade sobre o gnosticismo

Todos os preconceitos em relação à vida gnóstica são causados pelo erro de acreditar que o homem biológico seria um homem original que perdeu o rumo. A Gnosis volta-se para o que subsiste do homem divino, oculto e como adormecido dentro do ser humano atual. É por isso que os gnósticos não falam das experiências do ser exterior no mundo exterior, mas de experiências interiores, espirituais, no mundo do Espírito. Os processos gnósticos não são invenções mentais, mas referem-se ao despertar, ao crescimento e à maturidade do homem espiritual, oculto como um deus adormecido dentro do homem natural e que perdeu seus poderes por muitas razões.

Se esse princípio divino tem a ocasião de despertar, então ele se torna pouco a pouco consciente de provir do Espírito divino, de ser um pensamento concebido, um dia, pelo Pai de todas as coisas. Ele percebe sua própria estrutura e suas próprias forças, semelhantes à estrutura e às forças do Espírito que penetra o mundo. Ele se torna consciente dessa verdade.

O homem gnóstico reconhece, em si mesmo e fora de si, que há dois mundos: um mundo interior e outro exterior. No mundo exterior vive o homem exterior com seu saber, suas crenças e sua maneira de agir, dependendo das leis da Natureza. No mundo do Espírito vive o homem espiritual, o homem interior. O homem exterior, com todas as suas criações, é mortal; o homem espiritual é imortal.

A senda gnóstica explica este dualismo

Quando um gnóstico fala do bem, ele está visando o mundo do Espírito imperecível. Para ele, o mundo mortal e terrestre é uma prisão, pois impede o crescimento do Espírito dentro dele. A vida perecível sempre tenta impor suas leis ao homem espiritual. É por isso que o homem gnóstico considera a vida terrestre como "má", pois ela encobre e obscurece a vida espiritual. Ela lhe parece "má", tanto no bem quanto no mal terrestres, pois tanto o bem quanto o mal são correntes que mantêm a alma aprisionada, longe do Bem absoluto. Portanto, para o gnóstico, o mundo perecível é dualista. O bem opõe-se ao mal. Entre o Bem absoluto do Espírito e o bem do mundo dualista, não há oposição: não pode haver nenhum dualismo entre o absoluto e o relativo. O dualismo existe apenas entre dois polos de natureza semelhante, portanto, no esquema do mundo relativo.

Para o gnóstico, não existem dois princípios absolutos do bem e do mal, como se fossem inimigos um do outro desde a origem dos tempos. O mundo espiritual é o Bem absoluto. É a unidade da árvore da Vida. O mal absoluto não existe. Quando o homem vai ao encontro da unidade, ele cria a dualidade da árvore do conhecimento do bem e do mal relativos. A consciência desta polaridade permite que ele escape disto e retorne ao Bem absoluto. No Evangelho de Filipe está escrito:

"Neste mundo, a luz e as trevas,
a vida e a morte,
a esquerda e a direita

são irmãs gêmeas...
O que for libertado do mundo
será incorruptível,
será eterno."

A senda gnóstica representada de forma simbólica

O gnóstico não considera o Novo Testamento acima de tudo uma narração histórica. Para ele, todas as situações e todos os acontecimentos têm, em especial, um significado simbólico. Como ele sente seu corpo natural como uma prisão e um obstáculo, ele se esforça para libertar-se das influências deste corpo, que não é um instrumento apropriado para o Espírito. Quando o homem espiritual desperta e volta à vida, o gnóstico forma para si, de forma concreta, um novo corpo, para que ele possa servir de intermediário entre a vida mortal e a imortal.

Este processo é descrito de modo muito detalhado no Novo Testamento. Jesus demoliu de maneira consciente o antigo templo de seu corpo terrestre e construiu um novo templo no qual o Espírito pudesse habitar. É por isso que os gnósticos diziam que o corpo de Jesus não estava morto na cruz.

Com isso eles queriam dizer que o corpo terrestre de Jesus não era seu verdadeiro corpo, aquele que correspondia a seu ser interior. Seu verdadeiro corpo é o corpo da ressurreição, o corpo que venceu a morte. Sobre esse ponto, os gnósticos sempre foram mal compreendidos. Pensava-se (como ainda se pensa) que eles diziam que Jesus tinha um corpo aparente e não um corpo de carne e sangue. Mas para o gnóstico esse ponto não é importante. Para ele, Jesus é o homem de luz, o símbolo do ser que se doa por completo aos outros na senda da libertação interior.

Jesus "tomou a forma de servo", conforme a Espístola aos Filipenses 2:7. Apesar de viver no mundo espiritual, ele nasceu no mundo perecível, onde cumpriu sua tarefa num corpo terrestre. Em sua vida cotidiana mostrou aos seres humanos de seu tempo como empreender o processo de libertação e como realizá-lo.

No fundo, o corpo terrestre não é o verdadeiro corpo do homem, mas apenas uma aparência, pois o homem verdadeiro é o homem espiritual, e para o homem espiritual o corpo terrestre não é sua morada eterna.

Senda gnóstica e ascese

Os gnósticos sempre foram censurados por não se interessarem por outra coisa a não ser sua própria libertação e por quererem fugir do mundo. Não é Jesus quem diz: "Quem não aborrece o mundo não pode ser meu discípulo"?

Ora, quando o homem natural ama o mundo e se consagra a seu próximo, isso não o liberta, nem liberta o mundo, nem liberta seu próximo. Quem quiser ser um discípulo de Jesus e segui-lo compreenderá que deve começar por romper todas as suas ligações com a natureza antes de poder ter a revelação da verdade. Deve também perder a ilusão de que o humanitarismo pode libertar o mundo e a humanidade. Sem dúvida ele deve cumprir seus deveres de modo direito e correto, mas sem que eles o desviem da verdade.

Se dentro dele todos esses obstáculos forem aniquilados e aí começar a agir o amor divino, então poderá ser estabelecida uma relação completamente diferente com a natureza, pois ele conhece a única base sobre a qual se desenvolve o verdadeiro e libertador amor ao próximo. Aos olhos dos que fazem tudo para melhorar a vida terrestre, esse comportamento gnóstico pode com facilidade parecer anti-social e uma fuga do mundo. No entanto, o inverso é verdadeiro: quem se deixa guiar pelo amor divino vê o mundo e suas criaturas aprisionadas na ignorância e nas trevas. O "Deus dentro dele" ama o mundo, não para servir aos interesses do mundo, mas para fazer que tudo o que é divino neste mundo possa voltar a Deus.

Dessa forma, o gnóstico é uma prova viva das palavras do Evangelho de João:

"Porque Deus amou o mundo de tal maneira que deu o seu Filho unigênito, para que todo aquele que nele crê não pereça, mas tenha a vida eterna."[27]

[27] João 3:16.

10

A Gnosis e as ideologias modernas

O homem projeta no exterior
o aperfeiçoamento de seu ser
ao estabelecer novas estruturas
sociais sem querer mudar
fundamentalmente a si mesmo.

Muitos têm a tendência de relacionar a "Gnosis" com a ideologia de certos movimentos políticos como o fascismo ou o comunismo. Esse é um terrível erro ao qual estão sujeitos numerosos teóricos da ciência política. De onde vem esse equívoco?

A Gnosis é conhecimento, no sentido de um desenvolvimento da consciência. O gnóstico é alguém que, animado por um desejo libertador, tornou-se consciente de que o mundo do Espírito está oculto em seu mais profundo ser. A condição para chegar a essa consciência é renunciar ao egocentrismo, superá-lo. O egocentrismo age em dois planos: no plano do consciente e no plano do subconsciente da personalidade natural, onde as forças podem agir com tamanha violência que suprimem toda autonomia de julgamento e de atos.

O desenvolvimento da consciência gnóstica impõe condições

Existe a consciência do mundo espiritual e a realização do desejo de união com Deus apenas se escapamos dos instintos egocêntricos da personalidade natural. Todavia, é preciso também fazer desaparecer as tendências que agem no inconsciente, tendências que perturbam a autonomia: megalomania, deificação do eu, desejo de poder, bebedeira, exaltação e ideias quiméricas que maltratam, por exemplo, nos estados psicóticos.

Essas tendências não podem ser de fato superadas a não ser graças às forças do mundo espiritual. Por esse motivo a Gnosis não é apenas um desenvolvimento da consciência do mundo espiritual no desejo de unir-se a ela, mas também a própria condição desse desenvolvimento: vencer o egocentrismo que se apresenta como uma idolatria paranoica de sua própria pessoa.

Pode acontecer que, no desejo de se unir ao Espírito, a rejeição ao egocentrismo seja negligenciada e se queira penetrar o mundo do Espírito com o eu assim limitado. Pode acontecer também que se renuncie ao eu limitado, porém aproveitando-se das forças do inconsciente. Nesse caso, as poderosas forças do inconsciente substituem o mundo do Espírito. Assim, cai-se sob a influência das tendências à deificação pessoal, à exaltação, às ilusões, sempre acreditando ter entrado no mundo do Espírito. Ora, nada é menos verdadeiro.

Outra condição do desenvolvimento da consciência do mundo do Espírito é o conhecimento de que ele tem necessariamente suas próprias leis. O mundo dos sentidos e o mundo das forças do subconsciente estão submetidos a outras leis e assim jamais podem participar do mundo do Espírito ou lhe serem comparáveis. Eles podem, no máximo, ser um reflexo dele. Se o mundo do Espírito tomasse forma no interior dos homens, então os homens poderiam dar ao mundo exterior uma forma concordante com seu mundo interior. Muitas pessoas, entretanto, muito desejosas de se unir ao mundo do Espírito, negligenciam esta exigência essencial: que essa união deve tomar forma *neles*. Em sua impaciência, elas projetam as leis do mundo do Espírito sobre o mundo exterior, esforçando-se para submetê-los à sua conveniência.

Fundamento das ideologias políticas

Os dois fundamentos das ideologias políticas são, primeiro: confundir a megalomania e a deificação pessoal com o mundo do Espírito; segundo: projetar o desejo do mundo do Espírito sobre o mundo exterior. O homem imagina ser o mestre de seu destino e do mundo, ele imagina ser um deus, sem compreender que a satisfação de seus desejos apenas seria possível se ele rejeitasse essa tendência de considerar-se como um deus. E no seu desejo do mundo do Espírito, ele elabora estruturas sociais mundiais que corresponderiam à liberdade, à igualdade e ao amor, mas que apenas podem realizar-se no mundo do Espírito. A necessidade de verdade, de justiça e de liberdade subjacentes a essas concepções da sociedade é legítima. Essa necessidade provém do verdadeiro ser que deseja expandir-se. Mas quando as condições interiores necessárias não são respeitadas, qualquer tentativa para estabelecer tais regras sociais malogram.

Ora, os criadores desses modelos e os executores que desejam sua realização concreta em geral negligenciam essas condições. Em lugar de desenvolver interiormente o ser verdadeiro de cada um, o que permitiria a uma ordem exterior correspondente estabelecer-se, eles acreditam que uma simples mudança da situação responderá à sua profunda aspiração. Eles projetam o aperfeiçoamento do verdadeiro ser para o exterior, estabelecendo novas estruturas sociais. Ora, visto que os seres humanos não se modificam a si mesmos, não têm capacidade nem vontade de viver de fato segundo as novas estruturas sociais ideais, eles tentam forçar sua forma de agir pela persuasão ou pela violência. Assim são os sistemas totalitários. No entanto, não é de maneira deliberada e menos ainda mediante violência que se pode satisfazer as condições imperativas da consciência. Essa evolução apenas é possível em completa liberdade.

Projeção do homem terrestre

Essa base teórica permite compreender bem os sistemas ideológicos totalitários do passado. Não são as injustiças sociais, o enfraquecimento da ciência e da política que explicam principalmente os sistemas como o fascismo ou o comunismo.

A pobreza e a falta de liberdade, a incerteza social e os ressentimentos nacionais sem dúvida tiveram um grande papel em seu surgimento e forneceram muita energia psíquica para seu crescimento.

Na realidade, é o desejo de alcançar a verdadeira dimensão do ser humano que constitui a razão determinante dessas ideologias. Esse desejo secular explica a força de impulso e a abnegação total desses homens, nem perversos nem malvados, mas, pelo contrário, particularmente bons, que cada vez sustentaram esses movimentos em sua origem.

Apesar disso seus sistemas acabam sempre acarretando desvios e a má aplicação da intenção inicial. Apenas o novo homem, o homem espiritual verdadeiro, é que tem o poder de desenvolver-se nas estruturas e forças do Espírito, enquanto que todo egocentrismo e toda esperança de ver surgir um paraíso no mundo material desapareceram.

Ao inverso, os sistemas totalitários se esforçam para constituir "novas sociedades" com "novos homens", mas apenas com os homens antigos, os homens terrestres, e num raio de ação do mundo terrestre!

Eles organizam uma comunidade fixada nos bens terrestres, que é a imitação de "uma comunidade espiritual de homens viventes do Espírito". Um desses sistemas prevê a unidade absoluta de seres humanos formando uma "comunidade de raça e de sangue", portanto, biologicamente semelhantes. Outro quer cumprir a justiça, a liberdade e a igualdade absolutas de uma "sociedade sem classes" graças às condições sociais elaboradas de forma científica.

Os sistemas totalitários identificam uma comunidade de homens fixados nesta terra com uma comunidade de homens que vivem das leis e das forças espirituais. Numa "comunidade de raça e de sangue" – de natureza biológica – esse "novo homem" é o homem de uma raça pura que segue seus puros instintos naturais, exteriormente "militante" e interiormente "irmão racial". Numa "sociedade sem classes" – ligada de forma sócio-econômica – o novo homem é o livre "proletário" que, solidário com os proletários de todos os países, dirige de forma justa os meios de produção.

Essas projeções desenvolvem uma força inaudita porque ela é alimentada pelo desejo inato do verdadeiro ser e de uma comunidade com o Espírito. Elas conduzem necessariamente ao naufrágio, pois o homem centralizado nesta terra jamais poderá tornar-se um novo homem, e muito menos ainda uma comunidade de homens terrestres poderá formar uma nova comunidade.

Os sistemas que não seguem o caminho da Gnosis não são gnósticos

Que resta da ideia sobre as ideologias políticas de "origem gnóstica"? A raiz profunda da ação humana é o desejo do retorno do homem espiritual à sua pátria, o mundo espiritual. Em certo sentido as ideologias são "gnósticas devido ao profundo desejo de seus autores. Mas então todas as religiões assim como as ciências, a filosofia e a arte seriam "gnósticas"! Entretanto, a união do homem com Deus apenas é possível seguindo-se um caminho preciso e bem definido, com condições muito determinadas: o egocentrismo deve ser rejeitado tanto no plano da consciência pessoal como nos domínios do subconsciente. Os desejos não podem ser realizados tendo em vista que a mudança do comportamento exterior apenas acontece após uma profunda transformação interior.

Portanto, se a Gnosis tem como meta a união com o Espírito, suas exigências absolutas são o único caminho para se chegar a essa união. Os sistemas que ignoram esse caminho não podem, pois, ser considerados como gnósticos. Ao contrário, eles são agnósticos pelo fato de que a deificação do homem terrestre e a projeção do mundo espiritual num paraíso sobre a terra obstaculizam justo as experiências gnósticas.

Contudo, é preciso alcançar a realização do verdadeiro homem e de uma comunidade que seja a expressão disso. Essa missão é sempre a missão da humanidade, mesmo que ela a compreenda mal e se esforce para isso de maneira errônea e por falsos meios. O fato de as tentativas ideológicas terem sofrido insucessos fundamentais e de a missão pessoal dos seres humanos estar aparentemente desacreditada não signifa que essa missão foi rejeitada ou mesmo negada. Devemos, antes de tudo, *descobrir como realizá-la.* E as tentativas frustradas mostram de forma clara a maneira como ela não pode ser realizada.

II

Gnosis, verdade universal

No Trigonum Igneum *revela-se*
o Logos Tríplice, a tríade
original do Amor divino,
da razão divina, da atividade divina.

Tudo o que o homem percebe é para ele verdade. A natureza dessa verdade, sua relatividade ou sua perfeição, depende da qualidade de seu poder de percepção. Esse poder está ligado a um sistema sensorial determinado. Se ele percebe o centro absoluto do universo, o Deus supremo que tudo engloba, o sol espiritual central, isto significa que ele possui a compreensão superior e a verdade universal.

Essa verdade original, ou Gnosis, resulta da percepção da divindade perfeita; é o reconhecimento do Espírito universal nos santuários interiores do coração e da cabeça. Para receber a Gnosis, perceber o Espírito universal, é preciso possuir um princípio interior capaz de admitir essas radiações, um princípio maravilhoso que permite perceber que o Deus supremo se encontra potencialmente presente em cada ser humano.

A Escola Espiritual da Rosacruz Áurea denomina *rosa-do-coração* ou *átomo-centelha-do-espírito* a esse princípio apto a captar os raios do sol espiritual sob uma forma atenuada e transmiti-los, em seguida, ao sangue e ao fluido nervoso. Na cabeça se encontra a pineal, órgão também denominado *joia no lótus* ou *olho divino,* órgão capaz de refletir na consciência, pela palavra, as radiações do sol espiritual recebidas no coração, a fim de perceber de forma consciente a verdade universal.

O gnóstico, testemunha do sol espiritual

O ser humano está assim capacitado, pela atividade interior conjunta da cabeça e do coração, a receber as sete radiações da luz e do som emitidas pelo Espírito universal e a percebê-las com sua consciência. Quem é capaz de alcançar e experimentar a luz e a força do sol espiritual graças ao princípio da alma-espírito conhece a Gnosis. É um gnóstico. E, nele, o princípio da alma-espírito testemunha dessa elevada realidade divina. Ele é capaz de transformar as vibrações recebidas da luz e do som espirituais em símbolos, escritos e palavras que são também testemunhos do Espírito eterno que quer revelar-se à humanidade.

A luz brilha nas trevas

Os poderes sensoriais do homem da natureza são limitados e incapazes de perceber o Espírito universal. Entretanto, a vontade divina quer se manifestar em cada cosmo e microcosmo. O coração eterno do Pai-Mãe macrocósmico deseja iluminar o coração de cada cosmo e microcosmo a fim de ser reconhecido como Deus eterno e sol espiritual central da manifestação universal. Para que essa percepção e esse reconhecimento aconteçam na criatura, essa força se oferece sob a forma de Verbo vivente, de Logos prisioneiro no interior dos seres humanos. O sol espiritual que engloba tudo é também o centro do macrocosmo, mas é, ao mesmo tempo, o princípio de luz central de cada microcosmo.

"Vos estais em mim e eu estou em vós", diz o Espírito. Assim, o coração do Pai-Mãe, o coração do sol macrocósmico, vibra no microcosmo como um sol espiritual latente: é o Filho de Deus presente no coração de cada um. O próprio Filho se oferece. O sol espiritual permite que seus raios sublimes sejam contidos nos símbolos e imagens verbais limitadas dos homens terrestres a fim de que eles percebam e compreendam a verdade. Sempre houve testemunhas de que o conhecimento do Espírito universal se adapta à consciência humana e se exprime por palavras e atos. O Espírito universal, o sol espiritual, nunca cessou de enviar seus impulsos ao campo de vida humano e de adaptar-se à consciência humana a fim de encaminhar todos os povos para a verdade.

A verdade é como um cristal com mil faces

Em todos os tempos os microcosmos receberam radiações do sol espiritual e os traduziram em palavras e em atos, que são do mesmo modo testemunhas para as raças e os povos que, em dado momento, tiveram necessidade de um novo impulso da verdade divina.

Esses impulsos do Espírito universal manifestaram-se de muitas formas, por expressões e símbolos em todas as religiões do mundo assim como nos escritos sagrados e mitos, passados e presentes. Em *O Evangelho dos doze santos* é dito:

"A verdade única tem muitas faces, e uns só veem um lado, enquanto outros só veem o outro lado, e algumas pessoas veem mais do que outras, conforme lhes é dado ver. Vede este cristal: assim como uma só luz se revela por doze faces; sim, em quatro vezes doze, e cada face, por sua vez, reflete um raio da luz, uns percebem uma face, outros veem outra, porém o cristal é um só e também uma só a luz que ele irradia em todas. [...] Deus vos concede toda a verdade à semelhança de uma escada com muitos degraus, para a salvação e a perfeição da alma, e a verdade de hoje vós a abandonareis pela verdade mais elevada de amanhã. Esforçai-vos, pois, pela perfeição."[28]

Eu sou a luz do mundo

Logo no início do cristianismo ocidental, designou-se o conhecimento do Espírito universal pela palavra grega *gnosis.* Numerosos foram os que,

[28] *O evangelho dos doze santos.* Jarinu: Lectorium Rosicrucianum, 2012.

pela abertura da alma, se tornaram receptivos à luz do mundo, e que testemunharam, como gnósticos, da força do Espírito Santo e do Espírito universal através do Filho, Jesus Cristo. Para eles, Jesus era o protótipo do homem que recebeu e reconheceu o Espírito eterno no mais profundo de seu ser, e que a ele se uniu pela força do Espírito Santo.

Quando Jesus revela o Pai para a humanidade e diz: "Eu sou a luz do mundo", ou: "Eu sou o caminho, a verdade e a vida", é certo que esse testemunho não é o de um personagem histórico. Por toda parte onde o Espírito Santo, o Consolador, o Paracleto, inflama o coração, a luz do mundo se transmite para a humanidade.

Todavia, quando o coração não está preparado para se inflamar porque o princípio da alma-espírito ainda está latente, ele percebe a luz do mundo sob a forma de uma autoridade, e Deus como uma pessoa. O conhecimento direto de Deus, a Gnosis, é então compreendido de maneira errônea.

A verdade suprema do sol universal, que no homem se tornou carne e sangue e se oferece à humanidade por meio do Verbo vivente, não é, portanto, percebida. Os homens em quem a alma espiritual ainda não despertou querem não um Deus espiritual, mas um deus perceptível aos sentidos, uma autoridade personificada, a quem obedecer e diante de quem ajoelhar-se de maneira respeitosa. Assim, os testemunhos dos gnósticos foram, em geral, interpretados como dogmas e como culto a um deus personificado. Daí resulta que a verdade é crucificada no homem, e isso a cada instante. A luz do Espírito foi sem cessar despojada da alma.

Os três princípios da percepção

A Gnosis fala de três estados fundamentais da consciência. Em *Os mistérios gnósticos da Pistis Sophia,*[13] Jan van Rijckenborgh diz:

"Os antigos gnósticos reconheciam três tipos de homem: os pneumáticos, os psíquicos e os hílicos. Os 'pneumáticos' são os que, por reconhecimento interior consciente, acorrem direto para a luz de Cristo quando ela aparece à sua consciência, e que dela se apoderam de imediato. Trata-se aqui do tipo do homem em quem a rosa áurea floresceu, ou ao menos está prestes a desabrochar. É o homem em quem a janela da alma se abre, de tal forma que a plenitude gnóstica vem preencher o espaço vazio.

Dos 'psíquicos' é dito que apenas podem crer na luz da libertação, eles apenas a veem de longe. A janela de sua alma está ainda completamente fechada, e é por isso que é preciso explicar-lhes a manifestação da luz e sua atividade. É preciso traduzir-lhes a palavra dos céus para que compreendam alguma coisa. Mas eles têm também a crença interior. Isto é possível porque a rosa de seu coração está ativa. Graças a essa rosa branca ativa, os raios gnósticos os tocam e engendram um estado que permite adquirir a fé pura e verdadeira na Gnosis.

Os 'hílicos' são completamente insensíveis: trata--se do tipo de homem natural em completa sintonia com a natureza. Eles não vivem da luz, mas de uma força liberada pela reação em cadeia dos processos vitais. Neles a rosa-do-coração, se a possuem, não está ativa. A Gnosis nunca foi percebida por esse gênero de homens, por isso não podem ser tocados por ela. Eles permanecem por fora de toda intervenção gnóstica, e aliás não a desejam de forma alguma."

O pneumático é o homem que faz os princípios hílico e psíquico dentro dele dependerem por completo da alma-espírito. Quando o princípio pneumático já não se deixa influenciar de forma negativa, mas abre-se ao autoconhecimento e ao desejo de salvação, então ele está em estado de receber o *pneuma* (o sopro do Espírito).

À medida em que os órgãos hílico e psíquico já não constituem entrave, mas se colocam para servir, submetendo-se de maneira voluntária, então o coração pode inalar o sopro do Espírito. Este penetra a cabeça até a pineal, o que introduz toda uma série de novas correntes no fogo serpentino. Pela penetração do pneuma realiza-se, em sete fases, o prodigioso processo alquímico da transfiguração. Se essa nova corrente de forças pneumáticas se estabiliza sem outra intervenção dos órgãos hílico e psíquico no sistema, então o círculo de fogo da pineal abre-se de imediato às radiações do pneuma, e o novo sistema sensorial pneumático aparece: a consciência da alma-espírito. O homem-alma-espírito, à semelhança de Jesus, reconhece Deus, o Pai, em si como ele mesmo é conhecido por Deus, o Pai. A consciência da alma-espírito pode então fazer que ele pronuncie as palavras: "o Pai-Mãe eterno e eu somos um".

Apenas quem é imortal pode perceber o imortal

Nesse sentido é dito no Evangelho de Filipe:

"Ninguém pode perceber o imperecível sem ser ele mesmo imperecível. Não acontece a mesma coisa com a verdade no mundo, onde o homem vê o sol sem ser ele mesmo o sol, onde ele vê o céu, a terra e outros, sem ser ele mesmo céu, terra ou outros. Mas no reino da verdade, se vedes alguma coisa da verdade, vós sois a verdade. Vedes o Espírito, e sois vós mesmo o Espírito. Vedes Cristo, sois Cristo; vedes o Pai, sois o Pai. Aqui neste mundo vedes todas as coisas deste mundo, mas não a vós mesmos. No outro reino, entretanto, vereis a vós mesmos pois apenas vereis o que sois."[20]

A Gnosis da trindade divina

Deus é a mais elevada razão, o amor mais puro, a vontade inviolável. A tríade original harmoniosa do Pai, do Filho e do Espírito Santo é uma lei eterna do Espírito. O Pai é a fonte original, o sol espiritual do macrocosmo, de onde procede toda a vida. O Filho é o Verbo vivente de Cristo, que inflama no homem a compreensão divina e o transpassa como uma espada em seu mundo despojado do Espírito, para guiá-lo ao Espírito. O Espírito Santo é o pneuma, a força espiritual vivente que realiza a verdadeira vida no homem.

Para que esse tríplice som primordial da lei espiritual eterna seja vivificado nele, é preciso que seu mental, sua afetividade e sua atividade dialéticas aprendam a fazer silêncio, a servir e a submeter-se. É preciso *que ele nasça de Deus, morra em Jesus e renasça pelo Espírito Santo,* a fim de formar uma nova trindade perfeita. Essa trindade irradia, então, como um triângulo de fogo: é o *Trigonum Igneum,* no qual se revela o Logos tríplice, o som tríplice original do amor divino, da razão divina e da atividade divina.

A imperfeição, as forças ímpias, é característica do mundo terrestre, pois falta o terceiro polo na consciência hílica e psíquica. Falta o ápice do triângulo: a ligação consciente com o Absoluto divino. Ora, é precisamente com a finalidade de a humanidade adquirir esse terceiro polo que é preciso despertá-la. Apenas quando o princípio pneumático despertar no homem e se expandir de forma livre, como um botão de rosa na aurora matinal, é que se poderá falar de *libertação por meio de Cristo.* Então, a mais elevada dimensão universal, a consciência crística libertadora, se oferecerá ao homem na sua trindade.

Esse dom é o *carisma* dos gnósticos (a graça), que se uniu ao *ágape* (o amor sem egoísmo) e à *sophia* (a sabedoria divina) a fim de que o tríplice som sagrado dessas forças permita ao microcosmo, à semelhança do macrocosmo, realizar o verdadeiro desígnio da criação.

Livros de autoria de J. van Rijckenborgh

- O advento do novo homem
- Análise esotérica do testamento espiritual da Ordem da Rosa-Cruz
    - Vol. I: O chamado da Fraternidade da Rosa-Cruz
    - Vol. II: Confessio da Fraternidade da Rosa-Cruz
    - Vol. III: As núpcias alquímicas de Christian Rosenkreuz - t.1
    - Vol. IV: As núpcias alquímicas de Christian Rosenkreuz - t.2
- Christianopolis
- Filosofia elementar da Rosacruz moderna
- A Gnose em sua atual manifestação
- A Gnosis original egípcia - tomos I, II, III e IV
- A luz do mundo
- O mistério da vida e da morte
- O mistério das bem-aventuranças
- O mistério iniciático cristão: Dei Gloria Intacta
- Os mistérios gnósticos da Pistis Sophia
- Não há espaço vazio
- Um novo chamado
- O Nuctemeron de Apolônio de Tiana
- O remédio universal

Livros de autoria de Catharose de Petri

- 24 dezembro 1980
- O Verbo Vivente

Série das Rosas

- Transfiguração · Tomo I
- O selo da renovação · Tomo II
- Sete vozes falam · Tomo III
- A Rosacruz Áurea · Tomo IV

Livros de autoria de J. van Rijckenborgh e Catharose de Petri

- O apocalipse da nova era
  - A veste-de-luz do novo homem · vol. I
  - A Fraternidade Mundial da Rosa-Cruz · vol. II
  - Os sinais poderosos do conselho de Deus · vol. III
  - A senda libertadora da Rosa-Cruz · vol. IV
  - O novo caduceu de Mercúrio · vol. V
- Série Pedra Angular
  - O caminho universal
  - A Fraternidade de Shamballa
  - A Gnosis universal
  - A grande revolução
  - O novo sinal
- A Gnosis chinesa
- Reveille!

Karl von Eckartshausen

- Algumas palavras do mais profundo do ser
- Das forças mágicas da natureza

Mikhail Naimy

- O livro de Mirdad

Antonin Gadal

- No caminho do Santo Graal

Série Cristal

- 1 - Do castigo da alma
- 2 - Os animais dos mistérios
- 3 - O conhecimento que ilumina
- 4 - O livro secreto de João
- 5 - Gnosis, religião interior
- 6 - Rosa-cruzes, ontem e hoje
- 7 - Jacob Boehme, pensamentos
- 8 - Paracelso, sua filosofia e sua medicina atemporais
- 9 - O Graal e a Rosacruz
- 10 - A rosa e a cabala

Outros títulos

- O evangelho dos doze santos
- Trabalho a serviço da humanidade
- O caminho da Rosacruz no dias atuais

IMPRESSO PELA MARKPRESS A PEDIDO DO
LECTORIUM ROSICRUCIANUM EM JUNHO DE 2014